슬로비스의 모자

Wenn du es EILIG hast, gehe LANGSAM: Wenn du es noch eiliger hast, mache einen Umweg by Lothar Seiwert
Korean Translation Copyright © 2021 Bookcampus
The Korean language edition is published by arrangement with CAMPUS VERLAG GmbH
through Momo Agency, Seoul
All rights reserved

빠른 세상, 느림보들의 성공하는 힘

슬로비스의 모자

초판 1쇄	찍은 날 2021년 3월 1일
초판 1쇄	펴낸 날 2021년 3월 6일

지은이	로타르 자이베르트
발행인	이원석
발행처	북캠퍼스
옮긴이	나종석·이원석

등 록	2010년 1월 18일(제313-2010-14호)
주 소	서울시 마포구 양화로 58 명지한강빌드웰 1208호
전화	070-8881-0037
팩스	02-322-0204
전자우편	kultur12@naver.com

편집	신상미
디자인	책은우주다
마케팅	임동건

ISBN 979-11-88571-11-6 03190

이 도서의 국립중앙도서관 출판시도서목록(CIP)은 서지정보유통지원시스템 홈페이지 (http://seoji.nl.go.kr)와 국가자료공동목록시스템(http://www.nl.go.kr/kolisnet)에서 이용하실 수 있습니다.

빠른 세상,
느림보들의 성공하는 힘

Wenn du es EILIG hast, gehe LANGSAM

슬로비스의 모자

로타르 자이베르트

나종석·이원석 옮김

북캠퍼스

"당신이 늘 해 왔던 대로만 계속한다면
얻었던 것만을 얻을 것이다!"

| 에이브러햄 링컨 |

서문

로타르 자이베르트는 시간 관리와 인생 관리 전문가이자 성공 트레이너, 베스트셀러 작가로 이미 전 세계에 잘 알려져 있다. 그와 여러 해 동안 우정을 쌓아 온 나는 이 책의 서문을 쓰게 되어 매우 기쁘다.

자이베르트와 그의 책들을 알게 되었을 때, 그 지식과 방법이 영어권의 시간 관리 서적이나 세미나들보다 탁월한 데 경탄했다. 시간 관리란 모든 일을 더 빨리 효율적으로 완수하는 노동 기술 이상을 의미한다. 자이베르트는 시간 관리를 새롭게 규명했다. 시간 관리는 삶, 즉 자기 관리와 활동을 이끄는 인생 설계다. 이에 걸맞게 서두르는 당신에게 느리게 가라고 한다. 이 시대에 필요한 새로운 속도 트렌드를 제안하는 것이다. 자이베르트는 어떻게 생산성과 기량을 목적에 맞게 향상하고 동시에 가정과 개인 생활에 충실할 수 있는지를 제시한다.

- 나는 인생에서 무엇을 이루려고 하는가?
- 내 강점과 재능은 무엇인가?
- 한 개인으로서 나에게 무엇이 중요한가?

성공하는 사람은 자신의 미래를 분명하게 생각한다. 당신은 어떤가? 만약 마술봉으로 일, 가족, 건강, 의미라는 네 가지 삶의 영역에서 소망을 이룰 수 있게 된다면 당신의 삶은 과연 어떤 모습일까?

로타르 자이베르트의 시간 관리와 자기 관리는 분명한 비전과 확고한 가치관, 구체적 목표와 우선순위를 정하는 데서부터 시작한다. 삶의 비전을 어떻게 발전시키고 일관되게 실천하는지 직관적으로 보여 준다. 이제 당신은 급박한 일에서 벗어나, 효율적으로 우선순위를 정하여 어떻게 업무 목표와 소망을 실현하는지 경험하게 될 것이다.

자이베르트의 다양한 제안을 실행하고 '실천 팁'을 명심한다면, 당신은 네 가지 삶의 영역에서 각각 무엇이 중요한지를 매순간 쉽게 결정할 수 있을 것이다. 그리고 우선순위에 따라 목표에 집중하고 계획에 따라 일상의 여유를 갖는다면 직장 생활과 개인 생활 사이에서 균형 잡힌 시간을 가질 수 있게 될 것이다.

"천천히 서둘러라." 이 책을 읽은 뒤 당신이 깨닫게 될 말이다. 당신은 이 책을 읽기 전보다 좀 더 많은 것을 성취할 것이다. 가장 중요한 일을 우선 수행하여 전보다 삶에서 더 큰 만족감을 얻을 것이다.

"천천히 서둘러라"의 이유와 그 의미를 내면화해 보자. 높아지는 생산성과 효율성에 따라 점점 긍정적으로 변하는 당신을 발견할 것이다. 이런 당신에게 앞으로 내딛는 걸음마다 즐거움과 행운이 함께하길 빈다.

글로벌 경영 컨설턴트 브라이언 트레이시^{Brian Tracy}

프롤로그

"우리가 택해야 할 시간은 우리에게 무언가를 주는 시간이다."

| 에른스트 페르스틀Ernst Ferstl |

1998년 이 책이 처음 출간되었을 때, 능동적 인생 설계라는 접근 방식은 곧 혁명과도 같았다. 그때까지 시간 관리는 '오직' 좀 더 빨리 좀 더 많은 성과를 내는 효과적 노동 기술로 간주되었다. 이 책은 시간 관리 분야에서 완전히 새로운 흐름을 제시했다. 더는 최고의 속도와 성과에 초점을 두지 않았다. 오히려 속도는 늦춰졌고 과정은 간소화되었다. 직업적 요구와 개인적 욕구 사이에서 시간 균형을 잡는 것이 중요해졌다.

초판 이후 20년이 지난 지금, 이 책에서 새롭게 제기하는 시간에 관한 총체적 사고방식이 그 어느 때보다 중요해졌다. 기술의 발달로 세계는 더 복잡하고 역동적이게 되었고, 생활 속도는 더 빨라졌기 때문이다. 그 어떤 것도 시간의 흐름을 막을 수 없다. 발전과 빨라지는 속도 역시 멈출 수 없다. 이제 시간과의 관계를 총체적으로 숙고해야 할 때가 된 것이다.

항해의 여정은 바람의 방향이 아니라 돛대를 어떻게 장착하느

나에 달려 있다. 이 얼마나 멋진 말인가! 삶의 의미를 충족하고 자유롭게 살고자 하는 사람은 주변 조건을 잘 다루어야만 한다. 디지털과 속도로 무장한 사회에게 테러를 당하느니 그에 친숙해지는 편이 타당해 보인다. 이는 포르쉐를 운전하는 것과 비슷하다. 액셀을 밟아 시속 250킬로미터로 고속도로를 질주한다면 짜릿할 것이다. 하지만 최고 속도를 내는 데는 한계가 있다. 엔진에 무리를 주지 않으면서 동시에 방향을 잃지 않기 위해서는 적어도 한 번은 의식적으로 기어를 변경해 속도를 늦추어야 한다. "시간 갖기", "시간 내기", "여유 갖기"라는 슬로건도 있다. 일과 중에 멈춤, 심호흡, 재충전을 위한 작전 타임을 자주 가져라. 또한 일상에서 시간의 흐름과 무관한 작은 자유 공간을 확보하여 쉼 없이 돌아가는 시곗바늘에 지배권을 절대 뺏기지 마라. 시간은 시곗바늘이 지시하는 숫자 이상의 의미를 지녔기 때문이다.

　이 책은 독자들에게 호평을 받으며 스테디셀러로 자리 잡았다.

세계 16개 언어로 번역되어 30만 부 이상이 팔렸다. 시대를 초월한 이 책의 성공에 나는 행복하다. 이 책은 시간을 내고, 시간을 의식하여 시간을 체험하고 즐기는 일이 얼마나 중요한지를 보여 준다. 마음이 끌리는 데로 행하려면 우선 무엇을 하고자 하는지 확실히 알아야 한다. 그러기 위해서는 속도를 줄이고 시간 흐름을 주의 깊게 바라보며 자신의 리듬을 찾는 것이 무엇보다 중요하다. 그다음 "천천히 서둘러라"를 실천하라. 그래야 자신의 시간을 새롭게 발견할 수 있다. 시간의 새로운 발견이야말로 더 많은 자유 공간과 자율성 그리고 즐겁고 충만한 삶을 위한 핵심이다. 당신에게 이런 시간이 있기를 빈다.

당신의 로타르 자이베르트

이 책의 구성

시간과 시간 관리, 삶의 질. 우리는 대부분 외줄 위에서 균형을 잡으려 한다. 추락은 이미 예견된 것이다. 하지만 최근 진보한 시간 관리에는 안전망이 존재한다.

　이 책에서 나는 현대 '삶의 주도권'을 제시하고 실행의 실마리를 단계적으로 알려 주려 한다.

　Part 1에서는 새로운 시간 문화 현상과 그 발생 배경을 다룬다. 일과 경쟁으로 복잡한 사회는 점점 빨라지고 있다. 반면 자연스러운 시간 리듬은 '속도를 늦추라' 한다. 최근 속도에 대한 대응은 느림이 아니라 근면과 게으름, 직업적 요구와 개인적 욕구 사이에서 시간 균형을 잡는 것이다.

Part 2에서는 새로운 시간 문화의 두 요소인 빠름과 느림을 실효성 있는 자기 관리와 어떻게 결합할 수 있는지를 다룬다. 4단계의 성공 프로그램은 실천을 위한 지침 및 예제들과 함께 삶을 자율적으로 설계할 수 있는 구체적인 방법을 제시한다.

먼저 삶의 목표를 구체화(1단계)하는 개인적 삶의 비전을 제시한다. 그다음 인생을 결정하는 정체성인 '인생 모자'나 인생 역할에 주목(2단계)한다. 삶의 비전을 실천적으로 변환하는 일은 마지막 두 단계, 즉 주간 우선순위를 계획(3단계)하고 매일의 업무를 시간 관리(4단계)하는 데서 시작된다. 이 단계들은 개인의 자유 공간에 큰 가치를 둔다. 물론 성공 피라미드의 각 단계에서 가속과 감속은 중요한 역할을 한다.

Part 3에서는 일과 삶의 균형을 위한 핵심적 관점에서 시간 관리를 집중해서 다룬다. 즉 삶의 방향을 스스로 규정하고 자신만의 가치와 의미, 목표를 결정하는 데 무엇이 중요한지를 숙고하기 위해 건전한 자기주장을 발전시키는 것이다. 자기 성찰을 하는 사람은 무엇을 성취하길 원하는지 물을 뿐만 아니라 무엇 때문인지도 묻는다. 스스로 만족할 만한 목표를 설정하고, 자신의 속도를 발견하고, 개인의 스트레스 요인을 감지하고, 스트레스를 흘러가게 하는 것이 여기에 속하는 주제다.

무엇보다도 자신의 행복 상태를 살펴야 한다. 즉, 자신의 행복을 위해 무언가를 해야 한다는 것이 중요하다. 이와 함께 적어도 행복은 방해받지 않아야 한다. 시간 관리가 곧 삶의 관리임을 알았다면, 이에 상응하여 빠름과 느림을 생각해야 한다. 말하자면 두 요소 모두에 가능성을 남겨야 한다는 것이다. '이것이냐 혹은 저것이냐'가 아니라 도가적인 의미에서 '이것뿐 아니라 저것도'라는 점이 중요하다.

■ 차례 ■

만약에

만약에 다시 한번 태어난다면, 다음 생에는 더 많은 실수를 할 것이고
매번 완벽하려 하지 않을 것이다.
자주 긴장 완화에 힘쓸 것이고
전보다 무언가에 좀 더 열광할 것이다.
일에 너무 진중하지 않을 것이고
너무 건전하게 살지 않을 것이다.
더 많이 위험을 감수하고 더 많이 여행하고
더 많이 산에 오르고 석양을 바라볼 것이고
더 자주 강에서 수영할 것이다.

나는 삶의 모든 시간을 풍요롭게 보낸 현명한 사람이었다.
물론 또 기쁨의 순간을 맛보기도 했다.

하지만 만약에 다시 한번 더 시작할 수 있다면,
나는 즐거운 순간을 더 많이 갖도록 노력할 것이다.

당신이 이 사실을 아직 모른다면,
삶은 이런 즐거운 순간들로 이루어져 있다.
단지 순간의 연속인 인생에서
지금 이 순간을 잊지 마라.

만약에 다시 한번 더 살 수 있다면,
초봄부터 늦여름까지 맨발로 거닐 것이다.
그리고 만약에 내게 삶이 더 주어진다면,
어린이들과 더 자주 놀 것이다.

그러나 보라. 나는 지금 여든다섯 살이고 머지않아 죽게 되리라는
것을 알고 있다.

—호르헤 루이스 보르헤스 Jorge Luis Borges

Part 1

슬로비스가
몰려온다

: 새로운 시간 문화

지난 시간 관리와 결별

"열심히 일하지 말고 지혜롭게 일하자."

| 미국 경영 격언 |

시간 관리는 지난 수년간 논의의 대상이 되어 비판을 받아 왔다. "속도에 대한 오해에서 벗어나기", "시간 경쟁에 전염되다", "시간 계획서를 던져 버려라" 등 각종 매체의 첫머리를 장식하는 표제들이 이를 증명한다.

"속도 줄이기", "자신만의 시간" 혹은 "느림이 더 아름답다" 등이 앞의 시간 관리와 대비되는 새로운 시간 생태학적 슬로건이다. '느리게 일하기 협회'는 "일하다 멈추어 생각할 시간을 요구하는 것은 의무다"라는 규정을 만들기도 했다. 표준화된 패스트푸드에 반대하는 '슬로푸드' 단체는 향토 음식을 대안으로 제시하고 그 다양성을 강조한다. 소설가 스텐 나돌니Sten Nadolny의 베스트셀러 《느림의 발견》은 많은 이들에게 공감을 얻었다. 이 소설에서 느리기로 유명한 주인공은 자신의 느린 기질이 흠이 아니라 에너지와 창조의 원천임을 점차 깨닫는다.

　단순히 일정 시간을 요하는 일들이 있다. 특정 업무는 빨리하라고 명령해도 더 빨리 할 수 없다. 예컨대 특별한 음식 준비, 의상 디자인, 소설 쓰기 등과 같은 창조적 작업에는 불가피하게 많은 시간이 필요하다. 연구 분야에서도 개발 속도가 점점 더 빨라지고 있다. 시장에서 혁신은 일상화될 정도다. 그 결과 실패율은 더 높아지고, 불평은 더 늘어나고 있다. 빠른 속도만이 최고 기준이 되어서는 안 된다.

22

슬로비스가 전진하고 있다. 슬로비스^{slobbies}란 'slower but better working people(느리지만 일을 더 잘하는 사람)'의 줄임말이다. 이들은 빠름을 성공의 유일한 척도로 여기지 않으며 느림에서 생산적이고 창조적인 성과를 얻어낸다.

유감스럽게도 노동계는 더 빠른 속도를 추구하므로 근무 시간에 '느림'을 허락하지 않는다. 속도와 느림 사이의 균형을 잡아야만 한다. 온라인과 오프라인, 활동과 여유에서도 마찬가지다. 밀물과 썰물, 낮과 밤, 양과 음 같은 양극단을 조화시키는 것이 중요하다. 그렇다면 그것으로 시간 관리는 끝일까? 절대 아니다! 결국 모든 면에서 시간 관리의 새로운 경향을 반영해야 한다.

노동 기술, 성공 방법 혹은 생활 계획인 시간 관리는 그 어느 때보다 더 현실적인 문제가 되었다. 새로운 시간 관리는 다양한 사고의 출발점과 내용을 반드시 고려해야만 한다.

영혼의 느림에 관한 이야기

도로도 차도 없던 시절에 한 선교사가 짐꾼들과 함께 정글을 힘들게 통과하는 중이었다. 3일 내로 목적지에 도달하기를 원한 선교사는 선두에 있는 사람들에게 더 빨리 가라고 채근했다.

셋째 날 아침이 밝아 왔다. 하늘엔 태양이 작열하고 공기는 타는 듯했다. 길게 자란 풀들이 조용히 흔들렸고 새들은 지저귀었다. 선교사는 출발을 재촉했지만 짐꾼들은 대자로 누워 일어나려 하지 않았다. 설득도, 명령도, 협박도 소용이 없었다. 결국 선교사가 그 까닭을 묻자 짐꾼들은 이렇게 대답했다. "육신은 여기에 있지만 영혼이 따라올 때까지 더 기다려야만 합니다."*

뷰카 시대에 능숙하게 시간 다루는 법

다이낵서티Dynaxity(Dynamics+Complexity)라는 신조어는 현대인이 처한 딜레마, 즉 역동성과 복잡성이 상호작용하는 상황을 일컫는다. 디지털화와 세계화로 다이낵서티 커브가 오른쪽 그림에서처럼 가파르게 상승했다. 이제 세계 전체를 조망하는 일은 어렵게 되었다. 속도는 모든 생활 영역에서 더욱 가속화되고 있다. 가장 진정한 발전의 의미가 엉뚱한 방향으로 가기 때문에 다이낵서티의 지수상의 상승이 문제가 된다. 발전이 바른 방향으로 진행되면 다이낵서티 지수상의 상승이 일어나지 말아야 하는데, 지구 온난화나 에너지 낭비

---

* Nossrat Peseschkian, Der nackte Kaiser(© 1997 Pattloch Verlag GmbH & Co KG, München).

와 같은 문제는 인간이 더는 이 기하급수적인 상승 곡선을 다룰 수 없다는 사실을 보여 준다.

우리는 매일 햄스터처럼 쳇바퀴 돌 듯 살고 있다. 도는 속도가 계속 필요한지, 이로운지 알아보려고도 하지 않으며 점점 더 빨리 허우적거리며 돈다. 결국 녹초가 될 때까지 돈다. 우리 자신의 의사와 무관하게 외부에서 속도가 주어지기 때문이다. 사실 수치상 커브는 무한히 오를 수는 없다. 다만 어느 순간 인간의 최대 한계를 넘어서려 한다.

이를 저지할 수 있는 단 하나의 방법이 있다. 바퀴의 속도를 의도적으로 줄이고 조절하는 것이다. 무엇보다 복잡성을 줄이는 역량이 중요해졌다. 이제 우리는 의식적으로 일을 멈추고 행동의 이유를 물어야 한다. 하루 24시간에서 더 많은 노동 시간을 짜내는 시간의 노예가 되기를 멈춰야 한다. 과거 로마에서는 노예들만 분주했다. 부자들은 의식적으로 느리게 걸었다. 인생의 주인이 되려는 사람은 일을 올바르게 처리할 뿐만 아니라 올바른 일의 실행도 중시해야 한다. 그래서 삶의 주도권은 단지 자기 관리 이상을 의미한다. 유감스럽게도 독일 사회는 느림을 여러 측면에서 게으름과 동일시한다. 이런 동일시는 단어 'Faultier(나무늘보)'에서 드러난다. 독일어 'Faultier'는 말 그대로 게으른 동물을 의미한다. 영어로 나무늘보는 'sloth'이다. 눈치를 챘겠지만 형용사 'slow'에서 온 단어다. 영어와 달리 독일어는 느린 동물에서 분명히 게으른 동물을 유추한 것이다.

뷰카VUCA에는 불안정성과 복잡성이 잘 드러나 있다. 이 약어는 미국 육군 대학원에서 처음 사용했는데, 당시에는 냉전 종식 후 정치에서 상황 변화를 의미했다. 오늘날에는 점점 더 정보화·세계화되는 세계에서 현대인이 불가피하게 직면하는 변화의 특징을 보여 준다.

변동성Volatility: 세계는 계속 점점 더 빨리 변화한다. 따라서 주변 환경은 점점 더 불안정해지고 있다. 급기야는 단기간에 모든

26

영역이 파괴될 수도 있다.

불확실성Uncertainty: 미래 예측과 전략은 이제 현실화되기 어렵다. 과거에서 얻은 경험도 그 가치가 점점 감소하고 있다.

복잡성Complexity: 삶은 매우 복잡해졌다. 다시 말해 각 행위는 중대한 영향력을 가질 수 있다.

모호성Ambiguity: 모든 것이 가능해졌다. 많은 것을 조작할 수 있다. 평균은 낡은 것이 되어 버렸다.

나쁜 소식은 뷰카 세상에서 이제 확실한 미래는 없다는 것이다! 세계화와 기술의 발전은 멈출 수 없다. 세계화와 기술의 발전이 우리의 일상생활에 많은 편리를 가져온 것도 사실이다. 결국 우리는 시계를 되돌릴 수 없고, 그래서도 안 된다. 희소식은 빠름이 더 이상 우리 시대의 전부가 아니라는 것이다.

저글링 하는 곡예사를 자세히 본 적이 있는가? 곡예사는 한 공을 높이 던지고 그다음 다른 공을 던진다. 그 순간 곡예사는 자신의 시선을 공들이 다시 아래로 떨어지는 정점에 고정한다. 기술의 탁월함은 속도에 있는 것이 아니라 흐르는 운동을 고요하게 집중하는 데 있다.

변동성, 불확실성, 복잡성, 모호성이 외부에서 강하게 형성될수록 자신의 내적 태도가 점점 더 중요한 요소가 된다. 이런 뷰카 시대가 제기하는 도전에 어떻게 대처하느냐가 중요하다. 그래야 공

27

들을 떨어뜨리지 않고 공중에서 탁월하게 유지할 수 있다.

이 책에서는 주로 전통적 시간 관리에서 자율적 시간 관리로의 전환을 다룬다. 시간 관리의 전통적 개념들에 의문을 제기하며, 역동적이고 복잡한 시대의 요구에 맞게 전통적 개념들을 변형시킨다. 내면의 안정성과 확실성, 단순성, 명료성을 올바른 전략으로 준비하는 데 필요한 과정이다.

뷰카 시대에 대처법

- 삶의 목표를 우선 간명하게 표현하고 계획하라. 이 내면의 목표는 선명성을 마련하여 미지의 영역에서 방향을 제시한다.
- 자신의 특성과 강점을 탐구하라. 자신의 잠재력을 최대한 발휘할 수 있게 새로운 가능성을 제공한다.
- 일상을 정돈하라. 투명한 구조는 미래가 불투명할 때 유연하게 대응할 수 있는 안정 유지의 토대를 만든다.
- 핵심 본질에 집중하라. 매 순간 침착함을 잃지 않게 한다.
- 어떠한 어려움이 있어도 항상 즐거운 순간들을 충분히 마련해 두어야 한다. 이는 어려운 순간에도 즐거움을 배가해 준다.

시간 관리란 결국 속도 관리다(?)

누구나 지금 당장 어떤 일을 하려고 하지만 그 일을 하기에 최적기는 어제 혹은 그제였을 수도 있다. 속도는 현재 시급하게 요구되는

것이고, 모든 것을 결정하는 핵심 요소이기도 하다.

'가능한 빨리ASAP(as soon as possible)'는 기한과 규정 작업 시간이 중요한 과거 노동 방식에서 일종의 척도였다. 이메일이 홍수처럼 밀려와도 가능한 한 빨리, 늦어도 24시간 이내에 회신해 줘야 한다. 휴대폰은 언제, 어디서나 상사, 고객, 동료와의 통화를 가능하게 한다. 이런 고속 사회에서 점점 더 많은 사람이 고통을 받는다. 이들은 추월선 위에서 살고 있다고 느낀다. 어른이 젊은이를 이끄는 게 아니라 빠른 사람이 느린 사람을 추월한다.

속도 관리는 지속해서 압박을 증대시킨다. 빨라질수록 더 많은 성과를 가능하게 하기 때문이다. 경쟁 요소로서 속도 관리는 철두철미하게 전략적 의미를 지닌다. 기업이 속도 관리법에 능숙해지면 회사 구조와 생산 과정을 통제할 수 있게 된다. 기업은 점점 더 빨리 그리고 유연하게 시장의 요구에 대응할 수 있을 것이다.

하지만 빠른 속도만으로는 목표에 더 빨리 도달하지 못한다. 틸 오일렌슈피겔Till Eulenspiegel(14세기 독일의 유명한 장난꾸러기 농부의 이름. - 옮긴이)의 이야기를 보자.

틸 오일렌슈피겔이 어깨에 봇짐을 메고 다음 도시로 걸어가고 있었다. 그때 마차 한 대가 틸 오일렌슈피겔을 광장히 빠르게 앞질러 갔다. 매우 급해 보이는 마차꾼이 "다음 도시까지 얼마나 걸립니까?"라고 소리쳤다.

"천천히 달리면 30분이면 되고, 빨리 달리면 반나절 걸릴 겁니다"라고 틸 오일렌슈피겔이 대답했다.

"이런 멍청이!" 마차꾼이 욕을 했다. 그러고는 채찍을 휘두르며 말들을 재촉해 더욱 빠르게 달렸다.

틸 오일렌슈피겔은 가던 길을 계속 갔다. 길은 울퉁불퉁했다. 한 시간 뒤 그는 심하게 망가진 마차를 발견했다. 앞바퀴가 부서져 마차꾼은 곤혹스럽게 그것을 고치는 데 정신이 없었다.

마차꾼은 틸 오일렌슈피겔을 원망에 가득 찬 눈초리로 째려보았다. 틸 오일렌슈피겔은 이렇게 말하며 지나갔다. "제가 말했잖아요, 천천히 달리면 30분이라고."

틸 오일렌슈피겔의 이야기처럼 우리 사회에서도 속도 관리는 분명 그 한계에 부딪히고 있다. 적당한 시간 척도와 자연스러운 시간 리듬으로 돌아가면 느림과 빠름 사이에서 조화로운 균형을 이룰 수 있게 된다. 시간을 적절히 다루는 시간 생태학은 그동안 관리자들에게 공감을 얻어 왔다.

"나는 빠른 속도로 느끼게 된 흥분과 외침, 침묵, 느림의 행복에 관한
경이감을 잊지 않았다."

| 토마스 뤼넨동크Thomas Lünendonk |

감속과 시간 벌기

"올리브나무 가지를 살짝 잡아 뺀다고
올리브가 더 빨리 익지는 않는다."

| 토스카나 잠언 |

유행은 대개 반대되는 경향을 유발한다. 빨리빨리 문화와 같은 조급증이 널리 퍼지면서 감속과 느림에의 용기가 필요해졌다. 속도광들은 전향을 권유받기도 한다. 몇몇 사람만이 보다 적은 노동이 더 생산적일 뿐 아니라, 효과적으로 감속시킬 수 있다는 것을 알고 있다.

　이제 느림을 외치는 목소리가 점점 더 커지고 있다. 시간에 제약받지 않는 생활과 침묵에 관한 수요가 생겼다. 자연스러운 리듬감과 자신만의 시간에 대한 감각도 새롭게 익혀야 한다.

"안녕하세요?" 어린 왕자가 말했다.

"안녕!" 하고 상인이 대꾸했다.

상인은 갈증을 진정시키는 데 효과가 있는 약을 판다. 매주 한 알씩 삼키면 물을 마시고 싶은 욕구를 느끼지 않았다.

"왜 그 약을 팔아요?" 어린 왕자가 물었다.

"시간을 크게 절약해 주기 때문이지." 상인이 말했다. "전문가의 계산에 따르면, 일주일에 53분을 절약해 준다고 하는구나."

"그 53분으로 사람들은 무엇을 하나요?"

"뭐 자기가 하고 싶은 일을 하겠지."

"나에게 53분이 남는다면 기분 좋게 물가로 달려갈 텐데…"라고 어린 왕자가 중얼거렸다.[*]

★ Antoine de Saint-Exupéry, Der kleine Prinz(© 1950 und 2016 Karl Rauch Verlag, Düsseldorf).

5분, 뇌를 쉬게 하자

한 조사에 따르면, 독일 국민의 80퍼센트는 급격한 변화를 아쉬워하며 좀 더 여유를 느끼고 싶어 한다고 한다. 그렇게 놀라운 사실은 아니다. 가속은 습관적 시간 문화와 자연스러운 시간 리듬 그리고 삶의 리듬 사이의 틈새를 더 크게 만들기 때문이다.

관련 연구의 결과는 아주 인상적이다. 오늘날 과학자들이 밝혀낸 바에 따르면, 분주함과 계속되는 압박 때문에 생긴 스트레스가 뇌에 큰 부담을 준다. 계획과 조절, 가치평가, 결정, 적절한 행동 방식에 관여하는 뇌의 중심 조절 기관인 전두엽이 밀려오는 정보들을 더 이상 처리할 수 없어 판단과 결정을 내리지 못한다. 그 결과 집중력과 실행력이 떨어지고 몸이 쉽게 피로해진다. 일에도 더 긴 시간을 들이게 된다. 심지어 실수를 저지르는 위험에 처하기도 한다. 이는 곧 더 많은 에너지 소모와 스트레스를 의미하기도 한다. 뇌는 하루 24시간, 일주일 내내 멈추지 않고 작동하여 작업 능력의 한계에 부딪힌다. 이 악순환으로부터 유일한 탈출구는 감속이다. 자신의 속도를 능동적으로 제어해야 한다. 넘치는 자극을 줄여 뇌에 '의식 활동의 휴식'을 주어야만 한다. 그러기 위해 무엇보다도 잠이 중요하다. 잠자는 동안 뇌는 그날의 정보와 인상들을 가공하고 신경 네트워크를 새롭게 '정돈하기' 때문이다. 특히 뇌는 아침마다 어느 정도 새롭게 네트워크화된다. 덕분에 우리는 양치질할 때나 샤워할 때 최상의 아이디어나 문제의 해결책을 갑자기 떠올리기도 한다.

시간 생태학: 자연스러운 시간 질서로 돌아가기

'현대'의 시간 관리는 뇌에 적합한 사용 시간을 바탕으로 한다. 올바른 시간 척도를 발견하는 것이 중요하다. 이때 자연스러운 시간 질서, 다시 말해 뇌에서 일어나는 수용 과정과 가공 과정에 유익한 시간 질서로 돌아가야만 한다.

과거 인간은 활동과 휴식을 균형 있게 반복하면서 살았다. 자연스러운 리듬이 인간의 '생체 시계'를 규정했다. 이후 기계식 시계가 발명되자 부자연스러운 일직선의 시간 질서가 강요되었다. 결국 산업 시대의 기술 혁신과 함께 평온은 사라져 갔다.

오늘날 자연스러운 시간 질서로 돌아가기는 그 어느 때보다 '여유를 가져야만' 하는 곳에서 필요한 것이다.

사회생활에서든 개인 생활에서든 계속 가속하거나 몹시 서두르는 사람에게는 휴식, 긴장 완화, 신경 끄기 등의 시간이 반드시 보상으로 필요하다.

해를 부르는 자

내일 과연 "꼬꼬댁" 하고 울 수 있을지를 걱정할 정도로 몹시 아픈 수탉이 있었다. 암탉들은 걱정이 태산이었다. 주인이자 남편인 수탉이 울지 않으면, 내일 아침 해가 뜨지 않을지도 모른다는 두려움 때문이었다. 암탉은 수탉이 울 때만 해가 뜬다고 믿었다. 다음 날 암탉들은 다행히 그런 맹신에서 벗어났다. 수탉이 고열로 울 수 없었는데도 해는 빛났기 때문이다. 당연히 해돋이에 그 무엇도 영향을 끼칠 수 없는 것이다.[*]

★ Nossrat Peseschkian, Der Kaufmann und der Papagei(© Fischer Taschenbuch, Frankfurt am Main 2018).

타임 시프트: 시간 관리의 변화[★]

지금까지 고속 사회에서 발생한 일반적 변화를 관찰했다. 이제는 개인적 관점에서 시간 다루기를 생각해 보자. 새로 생긴 조급증이나 시간 사용의 모노형·멀티형 인간들 혹은 분산형·집중형 사고 방식 등과 같은 개인적 차원에서의 접근이 새로운 시간 문화로 향하고 있다. 이제 유연한 규칙으로 이루어진 새로운 시간 관리는 기존의 시간 관리 방법들로 효과를 볼 수 없었던 사람들에게 희망을 줄 것이다.

★ 앤 맥기 쿠퍼Ann McGee-Cooper(텍사스주 댈러스) 박사의 독일어 번역서에서 자저와 일부 내용을 수정했다.

점점 빨라지는 세상의 시간 의식

- "지금 거기에다 쏟아부을 시간이 없어요."
- "시간이 너무 촉박해서 기한 내 하기 힘들어요."
- "다시 협의하자고? 잊어 줘! 그럴 시간이 없어요."
- "가족과 취미생활을 위해 시간을 낼 수 없어요."
- "건강을 위해 좀 더 잘 먹어야 되는데 식단에 신경 쓸 여유가 없어요."
- "계획을 세우거나 기록할 시간이 없어요."
- "시간 관리 세미나에 참석할 시간이 없어요."

익숙한 말들인가? 우리 삶은 끔찍하게도 빠른 속도로 모든 것에 서두르고 있다. 기술도 점점 빠르게 발전하고 있다. 인터넷을 통해 전 세계 누구와도 실시간 의사소통이 가능해졌다. 매일 쏟아지는 정보는 대략 두 달마다 두 배 가까이 늘어난다. 이는 곧 다음을 의미한다.

- 우리는 매일 엄청난 양의 이메일을 받는다.
- 더 짧은 시간에 더 많은 것을 요구한다.
- 종종 다음에 무엇을 해야 하는지 더 이상 알지 못한다.

전염병처럼 번지는 조급증

조급증Hurry Sickness은 미국의 저명한 정신과 의사 래리 도시Larry Dossey
가《공간, 시간 그리고 약Space, Time and Medicine》이라는 잡지에서 처음으
로 사용했다.

조급증은 잘못된 믿음 때문에 생긴다. 그저 모든 것을 더 빨리하면 더
빨리 이룰 수 있다는 잘못된 믿음 말이다.

미국뿐 아니라 곳곳에 조급증이 만연하고 있다. 조급증은 독일
에서도 점점 증가하고 있다. 우리는 더 빠른 속도로 한층 더 완벽
하게 시대의 빠른 변화에 대처해야만 한다고 믿는다. 이제 시계를
보는 눈길이나 일정으로 빽빽하게 채워진 달력을 들여다보는 것

40

만으로도 공포를 느끼기에 충분하다. 심장병, 위궤양, 신경쇠약, 번아웃 증후군과 같은 스트레스성 질병은 이 잘못된 믿음의 결과다. 특히 휴가 중에도 스트레스에 노출된다는 것은 비극이다. 편안한 밤을, 즐거운 주말을, 행복한 삶을 위한 시간이 남아 있지 않다. 항상 일이 시계 주위를 맴돌고 있기 때문이다

"서두르면 서두를수록 나는 더 지체하게 된다!" 당신은 이런 좌절감을 느껴 본 적이 있는가? 맡은 일을 끝내겠다 굳게 결심한 당신은 아침 일찍 일터로 간다. 문제와 위기가 넘쳐나고 프로젝트가 누적된다. 하루가 마무리될 때쯤 일을 전부 하긴 했지만 '할 일 목록to-do list' 중 어떤 것도 완벽하게 지울 수가 없다. 오히려 목록은 더 길어졌다. 수많은 사람이 빨라지는 속도 때문에 당신과 같은 고통을 겪는다. 가능한 한 짧은 시간 내에 적은 비용과 인력으로 더 많은 것을 이루려는 압박도 심해진다.

스스로를 끊임없이 재촉하는 조급증은 쳇바퀴 도는 듯한 매일의 의무에서 벗어 날 수 없다는 느낌 이상의 것이다.

우리는 육체와 정신, 감정의 상태에서 오는 자신의 리듬을 등한시하고 있다. 이 리듬은 만족을 위해 대단히 가치 있는 것이다. 육체의 목소리를 듣지 못하고 개인의 신체 리듬을 무시한다면, 긴 안목으로 볼 때 과제를 불완전하게 완성하거나 최악의 경우 더 이상 완성할 수 없게 될 것이다.

당신은 얼마나 조급증을 앓고 있을까?

다음의 체크 리스트는 당신이 얼마나 조급증을 앓고 있는지 파악하는 데 도움이 될 것이다. 다음 항목 가운데 몇 개나 당신에게 해당하는지 체크해 보자!

항상 그렇다:　　　2점
종종 그렇다:　　　1점
그렇지 않다:　　　0점

1. 나는 늘 시간 압박에 시달린다. ○
2. 나는 자주 다른 사람들을 서두르게 한다. ○
3. 나는 다른 일을 중단하거나 할 일을 남긴 채 일을 끝낸다. ○
4. 나는 사실 당일 과제를 전혀 끝내지 못한다. ○
5. 나는 종종 너무 많은 일 때문에 잠시도 휴식을 취하지 못한다. ○
6. 나는 다른 사람들이 휴식을 즐길 때도 늘 일을 해야만 하다. ○
7. 나는 퇴근 후에도 정기적으로 일을 집에 가져간다. ○
8. 나는 항상 자유 시간에도 남은 일을 생각한다. ○
9. 나는 상점이나 식당에서 오래 기다려야 할 경우 참을성 없이
    그냥 가거나 마음이 편치 않다고 푸념한다. ○

- 10점 미만? 축하! 당신은 '침착의 힘'을 알고 있다.
- 10점 이상? 매우 위험하다. 조급증이 당신을 기다리고 있기 때문이다. 삶의 속도를 늦추고 스트레스를 줄여 기력 회복과 긴장 완화의 여유를 충분히 가져라!

무엇이 직업적으로나 개인적으로 초스피드에 반대한다는 것인가? 선두에 서는 것이 그만큼 가치 있는 일일까? 올림픽에서는 결

43

국 일등 한 사람이 금메달을 목에 건다. 문제는 속도가 아니다. 속도가 기준이 되는 것이 문제다. 일단 조급증이 시작되면 가치나 이성과 관계없이 우리는 서두른다. 절로 그렇게 된다. 시간 내에 회의를 끝내기 위해 서두르지만 나중에서야 결정적으로 놓치고 있는 문제를 발견한다. 시간이 더 있었더라면! 혹은 이럴 수도 있다. 세 가지 일을 동시에 하면서 동료와 전화를 하고, 그 때문에 다른 사람의 목소리를 흘려들어 신뢰를 잃게 된다.

중요한 문제는 우리가 인생을 바쁘게 살아갈 수 있지만, 바쁜 삶으로 인해 가족과 친구를 위한 시간이나 혹은 인생을 가치 있게 하는 모든 아름다운 순간을 즐길 시간을 제대로 갖지 못했다는 사실을 확인하게 되는 것이다. 완벽한 배우자로서, 주부로서, 어머니로서 그리고 최연소 CEO로서 가장 단시간에 100만 불을 벌었던 누군가처럼 말이다. 유감스럽게도 깨달음은 언제나 뒤늦게 온다.

아직 괜찮은 상황일 때 삶을 변화시킬 기회를 놓치지 말자!

평생 바쁘게 사는 데 익숙해진 사람을 어떻게 변화시킬 수 있을까? 일단 용기 내어 자신의 조급증을 인정하라! 그리고 다양한 속도를 균형 있게 종합해 대응하라. 건강도 중요하다. 수행 능력과 삶의 질을 지속해서 높이는 시간을 마련하라. 조급증을 치료하기 위기 꾸준히 노력해 보자.

조급증을 막기 위한 10가지 제안

1. 저녁이나 주말, 자유 시간에는 시계를 치우자.
2. 의식적으로 쉬는 시간을 계획에 넣자.
3. '행동'과 '그냥 있음' 그리고 효율성과 삶의 질을 조화롭게 할 경우 자신을 칭찬하자.
4. 침묵과 휴식 시간을 기꺼이 허락하자. 신체와 느낌, 직관에 귀를 기울이자. 영감이란 침묵에서 나온다.
5. 가끔 일을 멈추고 일상의 작은 기쁨을 누려 보자. 커피향을 느끼고, 활짝 핀 장미를 바라보고, 친구의 웃음소리를 듣는 기쁨들 말이다.
6. 좀 더 자주 "아니요"라고 거절해 보자.
7. 방해받지 않는 밤의 고요를 즐기기 위해 휴대폰을 꺼 두자. 휴대폰 알람을 이용하는가? 자명종이나 탁상용 알람 시계로 바꿔 보자. 더 유용하다.
8. 하루에 물 여덟 잔을 마시자. 세포에 활기와 휴식을 준다.
9. 사랑하는 사람이나 동료에게 좋은 말을 건네는 시간을 갖자. 잡담이나 의례적 인사도 자연스럽게 화합하게 만든다.
10. "할 일 목록에서 지금 당장 실제로 무엇이 가장 중요한가?"라고 스스로에게 물어보자. 이 질문은 의식적으로 브레이크를 당겨 우선순위를 재정비하게 한다.

외적 동기와 내적 동기

조급증을 극복하고 싶다면 우선 목적과 소망, 꿈을 명확히 알아야
만 한다. 그래야 실제로 중요한 일에 집중하고, 부수적인 문제에
빠지지 않는다. 이때 다음과 같은 질문을 해 보자. "나는 외적 동기
형인가 아니면 내적 동기형인가?"

외적 동기는 '목적을 향한 수단 동기'다. 외적으로 동기화된
사람은 돈, 안위, 인정 등을 위해 일한다. 대체로 외부에서 주어지
는 대로 행하는 것이다. 고유한 내면의 소리는 대개 외부적 요인
뒤에 머문다.

외적 동기형 인간은 타인의 요구에 완전히 녹초가 될 위험이
있다. 외적 동기형 인간은 결코 자신을 위한 재미와 삶의 즐거움에
시간을 할애하지 않는다.

내적 동기는 그 반대로 '소망 그리고 욕구 동기'다. 내적으로 동기화된 인간은 내면의 동인으로 일한다. 이때 개인의 관심사와 즐거움 같은 요소가 중요한 역할을 한다. 정확히 말하면, 자신의 욕구와 외부 요구의 가치를 설정한다. 혼란스러우면 내면의 소리에 우선권을 주어 그 한계를 정하고 자신의 욕구에 집중한다.

만약 당신이 자신의 욕구를 등한시하여 지칠 때까지 일한다면, 휴가와 즐거움을 뒤로 미루고 자신의 몸을 돌보지 않는다면, 언젠가는 스트레스에 짓눌려 번아웃 상태에 빠질 것이다. 그리고 시간을 잘못된 일에 허비하고, 부주의로 실수를 하고, 근시안적으로 필요한 혁신을 차단하여 결국 동료들과 협업을 할 수 없는 험악한 분위기를 조성하기에 이를 것이다.

당신이 그런 것 같은가? 그렇다면 작전 타임을 갖기 바란다. 무엇을 고쳐야 할지, 어떻게 삶을 꾸려야 할지 시간을 내서 조용히 숙고해 보라. 다음에 이어지는 뇌에 관한 최근 연구들이 도움을 줄 것이다.

좌뇌형과 우뇌형

최근 수십 년 동안 뇌 연구자들은 우리의 뇌가 얼마나 발전하며 얼마나 창조적이고 생산적일 수 있는지에 대해 놀랄 만한 정보들을 제공했다. 특히 그들은 대뇌가 호두처럼 두 부분으로 나뉜다는 사실에 주목한다. 이 두 쪽의 대뇌 반구는 두꺼운 신경 섬유 다발인 뇌량corpus callosum 으로 연결된다. 이 좌우 대뇌 반구는 비슷하게 보여 오랫동안 오른쪽 반구가 왼쪽 반구를 보조한다고 가정해 왔다. 하지만 양쪽은 과제를 각기 다른 방식으로 완전히 다르게 해결한다는 사실이 밝혀졌다.

왼쪽 대뇌 반구(이하 좌뇌)에는 언어 중추가 자리 잡고 있어 과제에 체계적으로 접근하고 세세하게 분석하기를 좋아한다. 말하자면 좌뇌는 합리적 사고와 논리 전문가이다. 복잡한 수학 문제를 풀거나 장기 두기 같은 일에 유용하다.

오른쪽 대뇌 반구(이하 우뇌)는 그림과 색 그리고 형태로 생각한다. 과제들을 즉흥적이고 직관적으로 해결한다. 이때 세부 사항은 중요하지 않다. 우뇌는 순차적으로가 아니라 전체적으로 생각한다.

태어나서 6년 동안은 주로 우뇌의 지배를 받는다. 놀이 본능과 상상력이 발달하며 호기심은 최고조가 된다. 한 번에 한 가지에 집중한다.

학교에 들어가는 만 7세부터는 할 수 없이 좌뇌에 의존하게 된다. 교과목, 논리, 집중을 요하는 작업과 같은 특성에 초점을 두게 되어 좌뇌의 능력들에 대한 보상을 받는다.

성인이 되면 반으로 나뉜다. 사고 유형과 행동 유형에서 반은 좌뇌를 반은 우뇌를 선호하게 된다. 왼손잡이와 오른손잡이로 나뉘는 것과 마찬가지다. 좌뇌와 우뇌는 서로를 보완하며 우리가 바라는 바를 성취하도록 돕는다. 다만 다른 수단을 가질 뿐이다.

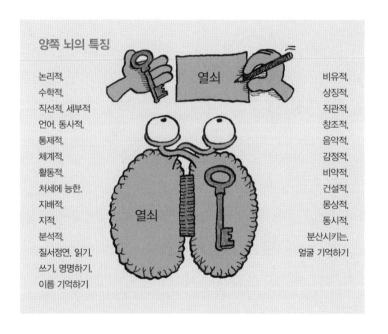

양쪽 뇌의 특징

좌뇌	우뇌
논리적, 수학적, 직선적, 세부적 언어, 동사적, 통제적, 체계적, 활동적, 처세에 능한, 지배적, 지적, 분석적, 질서정연, 읽기, 쓰기, 명명하기, 이름 기억하기	비유적, 상징적, 직관적, 창조적, 음악적, 감정적, 비약적, 건설적, 몽상적, 동시적, 분산시키는, 얼굴 기억하기

뇌에 관한 연구를 보면 대뇌 반구의 우세가 환경이나 본성에 의해 형성된다는 데 대해 의견이 엇갈리고 있다. 다만 10대에 선호하는 뇌의 우세가 발달하기 시작한다는 데는 대부분 동의한다.

천재나 다방면에 재능을 보이는 사람들은 흥미롭게도 뇌 전체를 사용한다는 점에서 다른 사람과 구별된다. 우리는 한쪽 뇌만 사용하기도 하고 양쪽 뇌를 균등하게 사용하기도 한다.

유감스럽게도 우리는 모두 천재가 아니다. 대부분은 뇌의 한쪽만을 주로 사용하며 선호한 쪽의 뇌만 발달한다. 점점 더 사용하지 않는 대뇌 반구로 전환하는 데 내부에서 더욱 강력하게 저항하게 된다. 결국 우리는 '한쪽' 또는 '반쪽' 뇌에 치우친 개체로 발전하게 되는 것이다.

좌뇌형과 우뇌형의 시간 관리

당신은 좌뇌형인가? 우뇌형인가? 다음 질문은 당신이 좌뇌와 우뇌 중 주로 어떤 쪽을 사용하는지 파악하는 데 도움을 줄 것이다.

다음 목록의 좌우 질문들을 침착하게 읽어 보길 바란다. 그리고 해당 사항의 정도를 숫자에 표시하라. L 5는 극도로 조직적·계획적이고 항상 정밀한 체계를 따르는 것을 의미한다. R 5는 극도로 우연적·즉흥적이고, 융통성 있고, 계산적이지 않다는 것을 의미한다.

당신이 때에 따라 조직적이기도 하고 그렇지 않기도 하다면 아마 L 3과 R 3 사이 어디엔가 표시하게 될 것이다. 당신이 일할 때는 매우 조직적이고 계획적이며 기한을 염두에 두지만, 집에서는 정반대라면 동일 선상에 있는 두 개의 숫자에 표시해야 할 것이다. 하나는 직장에서의 당신을, 다른 하나는 개인 생활에서의 당신을 나타낸다.

답할 때는 직관에 따라야 한다. 가장 먼저 떠오르는 느낌을 따르라!

3. 타임 시프트: 시간 관리의 변화

당신의 시간 관리로 알아보는 뇌 유형

1. 하루를 어떻게 시작하는가? 당신이 지켜야 할 우선순위 목록을 작성하는가?

   혹은 바로 일을 시작해서 여러 가지 일을 동시에 진행하는가?

   L   5   4   3   2   1   0   1   2   3   4   5   R

2. 일에 지쳤을 때도 매일 당신만의 루틴을 진행하는가?

   혹은 기분에 따라 정해진 일정을 바꾸고 기분 내키는 대로 행동한다고 스스로를 생각하는가?

   L   5   4   3   2   1   0   1   2   3   4   5   R

3. 한 가지 일을 끝내고 다음 일을 진행해야 일이 가장 잘 된다고 생각하는가?

   혹은 그때그때 욕구에 따라 여러 가지 일을 동시에 처리하는 게 능숙하게 일하는 것이라고 생각하는가?

   L   5   4   3   2   1   0   1   2   3   4   5   R

4. 주말 계획을 세심하게 계획해 놓았는데 상대방이 다른 제안을 한다면 예상치 못한 변동에 당황하는가?

   혹은 기분 전환 때문에 이런 새로운 계획에 감동하는가?

   L   5   4   3   2   1   0   1   2   3   4   5   R

5. 최고가 되기 위해 어떤 일을 끝까지 해내고, 모든 세부 사항을 생각해 실현되도록 신경 쓰는가?

   혹은 새로운 아이디어나 프로젝트를 위한 계획을 세우고 그 일의 추진과 세부 진행은 다른 사람에게 넘기는가?

   L   5   4   3   2   1   0   1   2   3   4   5   R

6. 프로젝트를 진행하면서 누군가 당신에게 도움을 청할 때 이 일이 시간 낭비가 될 것을 안다면 "안 됩니다"라고 쉽게 말할 수 있는가?

   혹은 일단 "네"라고 말하지만 시간이 없어 도움을 주지 못하는가?

   L   5   4   3   2   1   0   1   2   3   4   5   R

7. 지난 2주 동안 즉흥적인 활동을 얼마나 했는가? 몇 번밖에 되지 않는가?

   혹은 즉흥적인 활동을 여러 번 했는가?

   L   5   4   3   2   1   0   1   2   3   4   5   R

8. 약속을 오래전부터 미리 계획하는가?

혹은 갑자기 손님을 식사에 초대하거나 저녁에 외출하는 등의 자유로운 일정을 좋아하는가?

L   5   4   3   2   1   0   1   2   3   4   5   R

9. 물건을 살 때 늘 재정 상태를 염두에 두는가?

혹은 충동구매를 하고 나서 어떻게 지불할지 생각하는가?

L   5   4   3   2   1   0   1   2   3   4   5   R

10. 하기 싫은 일을 처리해야 한다면 이 하기 싫은 일부터 처리하는가?

혹은 하기 싫은 일을 가능한 한 변화무쌍하게 처리할 방법을 찾는가? 아니면 궁지에 몰릴 때까지 가능한 한 하기 싫은 일을 미루는가?

L   5   4   3   2   1   0   1   2   3   4   5   R

11. 내가 사전 연락 없이 당신 직장에 나타난다면 대부분 물건이 잘 정돈되어 제자리에 있을까?

혹은 일들이 쌓여 있고, 여러 개의 전화 메모가 보이는 곳마다 붙어 있는 바쁜 사람의 무질서를 보게 될까? 당신은 자주 "시간이 나면 언젠가 정리할 거야"라고 말하는가?

L   5   4   3   2   1   0   1   2   3   4   5   R

12. 보통 한 프로젝트가 끝나면 자료들을 잘 정리하고 다음 새 프로젝트를 바로 시작할 수 있게 책상 위를 비워 놓는가?

혹은 잊어버리지 않게 많은 자료와 문서들을 책상 위에 늘어놓는가? 자료와 문서들을 '파일함'에 넣는 대신 눈에 보이는 게 더 편리한가?
(만일 동일한 프로젝트를 위해 하나 이상의 문서를 준비하는 게 문제가 되거나, 필요한 서류가 어느 서류철에 있는지 기억나지 않는다면 이는 우뇌형의 뚜렷한 특징이다.)

L   5   4   3   2   1   0   1   2   3   4   5   R

13. 약속 시간을 지키는 데 자부심을 느끼는가? 보통 약속이나 회의에 늦지 않고 나타나는가?

혹은 보통 한 일정이 끝나면 다음 약속 시간에 쫓기는가? 그리고 자주 늦는가?

L   5   4   3   2   1   0   1   2   3   4   5   R

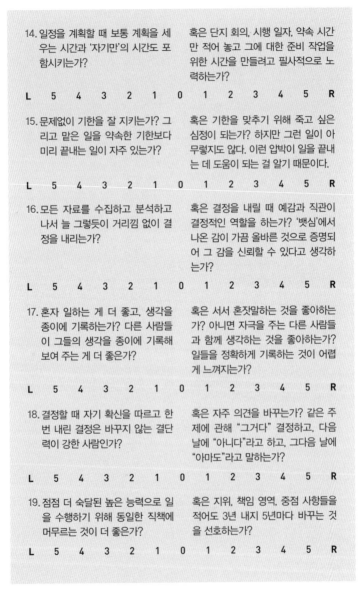

14. 일정을 계획할 때 보통 계획을 세우는 시간과 '자기만'의 시간도 포함시키는가? 혹은 단지 회의, 시행 일자, 약속 시간만 적어 놓고 그에 대한 준비 작업을 위한 시간을 만들려고 필사적으로 노력하는가?

L 5 4 3 2 1 0 1 2 3 4 5 R

15. 문제없이 기한을 잘 지키는가? 그리고 맡은 일을 약속한 기한보다 미리 끝내는 일이 자주 있는가? 혹은 기한을 맞추기 위해 죽고 싶은 심정이 되는가? 하지만 그런 일이 아무렇지도 않다. 이런 압박이 일을 끝내는 데 도움이 되는 걸 알기 때문이다.

L 5 4 3 2 1 0 1 2 3 4 5 R

16. 모든 자료를 수집하고 분석하고 나서 늘 그렇듯이 거리낌 없이 결정을 내리는가? 혹은 결정을 내릴 때 예감과 직관이 결정적인 역할을 하는가? '뱃심'에서 나온 감이 가끔 올바른 것으로 증명되어 그 감을 신뢰할 수 있다고 생각하는가?

L 5 4 3 2 1 0 1 2 3 4 5 R

17. 혼자 일하는 게 더 좋고, 생각을 종이에 기록하는가? 다른 사람들이 그들의 생각을 종이에 기록해 보여 주는 게 더 좋은가? 혹은 서서 혼잣말하는 것을 좋아하는가? 아니면 자극을 주는 다른 사람들과 함께 생각하는 것을 좋아하는가? 일들을 정확하게 기록하는 것이 어렵게 느껴지는가?

L 5 4 3 2 1 0 1 2 3 4 5 R

18. 결정할 때 자기 확신을 따르고 한 번 내린 결정은 바꾸지 않는 결단력이 강한 사람인가? 혹은 자주 의견을 바꾸는가? 같은 주제에 관해 "그거다" 결정하고, 다음 날에 "아니다"라고 하고, 그다음 날에 "아마도"라고 말하는가?

L 5 4 3 2 1 0 1 2 3 4 5 R

19. 점점 더 숙달된 높은 능력으로 일을 수행하기 위해 동일한 직책에 머무르는 것이 더 좋은가? 혹은 지위, 책임 영역, 중점 사항들을 적어도 3년 내지 5년마다 바꾸는 것을 선호하는가?

L 5 4 3 2 1 0 1 2 3 4 5 R

20. 회식이 있다면 이전에 가 보았던 곳이나 평소 좋아하는 요리를 주문할 수 있는 식당으로 가는가?

혹은 기꺼이 새로운 식당을 선택하는가? 새로운 시도는 즐거움을 주고 자극적이기 때문이다.

L 5 4 3 2 1 0 1 2 3 4 5 R

21. 일과 여가를 구분하고, 사담은 커피 타임과 점심시간에 나누는가? 일할 때 사담으로 방해하지 않는 동료를 좋게 평가하는가?

혹은 시간 구분 없이 대담하게 익살과 유머로 흥을 돋우는가? 여기서 말장난을 하고 저기서는 전화로 농담을 하는가? 유머와 장난기가 제2의 천성인가?

L 5 4 3 2 1 0 1 2 3 4 5 R

22. 즐겨 읽는 신문이나 잡지를 생각해 보라. 글자 중심의 인쇄물을 좋아하는가?

혹은 사진이나 그래픽이 화려한 인쇄물(예를 들어 패션지나 사진 잡지)을 좋아하는가?

L 5 4 3 2 1 0 1 2 3 4 5 R

23. 좋아하는 잡지를 어떤 식으로 읽는가? 차례대로 한 기사를 끝까지 읽고 난 뒤 다음 기사로 넘어가는가?

혹은 전체 기사를 훑어보고 관심 있는 기사를 끝까지 읽기 위해 다시 처음으로 돌아가는가?

L 5 4 3 2 1 0 1 2 3 4 5 R

24. 새 책을 찾을 때 내용이 무엇인지 파악하기 위해 표지, 목차 등을 차례로 보는가? 보통 책의 처음부터 시작하여 끝까지 계속 읽는가?

혹은 그림과 멋진 디자인, 다양한 서체로 편집된 책을 선호하는가? 책을 계속 읽을 것인지를 결정하기 위해 뒤에서부터 앞으로 뒤적거리며 여기저기 발췌해서 읽는가?

L 5 4 3 2 1 0 1 2 3 4 5 R

25. 운전할 때 일반적으로 가장 빠른 길을 다음번을 위해 찾으려고 하는가?

혹은 도시에서 익숙한 목적지로 가기 위해 샛길을 탐색하면서 새 길을 찾는가?

L 5 4 3 2 1 0 1 2 3 4 5 R

26. 당신은 차에 문제가 생기면 전문가의 조언이나 책을 참조하면서 체계적으로 원인을 해결하는가?

혹은 자동차 소음에 귀를 기울이거나 운행 중에 유의하면서 문제를 일상적으로 진단하는가?

L 5 4 3 2 1 0 1 2 3 4 5 R

3. 타임 시프트: 시간 관리의 변화

당신의 뇌 유형 평가

모든 질문에 답했는가? 어느 영역에 가장 많이 표시했는가? 혹은 중간에 표시된 부분이 많은가? 이제 1번 질문에서부터 시작하여 우선 '0'을 기준으로 오른쪽에 표시한 수를 모두 더해 보자. 계산한 숫자가 당신의 우뇌에 관한 결과다. 다음으로 '0'을 기준으로 왼쪽에 표시한 수를 더하면 이 숫자가 당신의 좌뇌에 관한 결과다.

이제 당신의 좌뇌·우뇌 유형을 다음 척도에 따라 진단할 수 있다.

부디 그 어떤 유형도 '더 좋은' 유형이 아님을 유념하라. 양쪽 대뇌 반구는 서로 다른 방식으로 가치 있고 중요하다. 양쪽 대뇌 반구를 모두 이용하려 노력한다면 생산성을 현저하게 높일 수 있다. 좌뇌 혹은 우뇌 중 한쪽만을 단적으로 선호하는가? 그렇다면 당신과 반대되는 유형의 뇌를 가진 사람과 협동해야 한다. 개선을 위해 할 수 있는 다른 방법이 또 있다. 반대편 뇌를 사용하는 일을 의도적으로 하려고 노력하는 것이다.

당신의 대답이 주로 중앙에 위치한다면 각 척도의 양끝 부분의 행동에 익숙해지려 노력해야만 한다.

천재의 비밀은 어떤 잠재력을 가졌느냐가 아니라 어떻게 뇌를 사용하느냐에 달려 있다. 천재들은 고차원적 문제뿐만 아니라 높은 창조성이 있어야 하는 문제도 큰 어려움 없이 해결할 수 있다. 레오나르도 다빈치, 토머스 제퍼슨, 콜레트Sidonie-Gabrielle Colette(프랑스 여류 소설가. -옮긴이) 등과 같은 천재들이 그런 재능을 지니고 있었다.[*]

시간 압박을 즐기는 우뇌형

당신이 우뇌형이라면 당신은 다른 사람에게 별생각 없이 큰 영향을 끼친다. 당신은 근본적으로 혼란을 스스로 통제한다. 비록 책상

---

[*] 앤 맥기 쿠퍼 박사는 1994년에 저서 《관리 불가능한 사람을 위한 시간 관리Time Management for Unmanageable People》를 발표했다. 우뇌적 시간 관리에 관한 최초의 책이었다. 여러 해 동안 나는 동료로서 이 주제에 관해 그녀와 함께 창조적으로 작업해 왔다(© 1998, 2018 trammell McGee-Cooper and Associates, Inc. Dallas, texas, USA. tel. 214 357-8550. All rights reserved. Used with permission).

위에 서류들이 산더미처럼 쌓여 있더라도 필요한 것을 대체로 쉽게 찾아낸다.

당신은 할 일 목록을 만들지 않는다. 어쩌다 한 번 계획을 세워도 결국 이를 무시한다. 놀라운 일이 아니다. 항상 많은 일을 동시에 실행하기 때문이다.

당신은 많은 프로젝트를 진행하며 새로운 아이디어를 발전시키는 데 즐거움을 느낀다. 그런데도 가끔 구체적으로 실행할 때는 서투르기도 하다.

시간 압박을 받으면 당신은 일을 더 잘한다. 마지막 순간에 몰려 마무리하는 것을 즐기기 때문이다. 특성상 항상 늦는다. 약속시간에, 보고서 제출에, 업무 종료에도 늦는다. 당신이 그런 일들을 무시해서 늦는 것은 아니다. 어떤 식으로든 항상 예상치 못한 일들이 일어난다.

58

회의 때도 당신은 쉽게 주제에서 멀어진다. 혼자 일하거나 아이디어를 기록하는 것을 싫어한다. 대신 당신의 생각을 다른 사람과 함께 논의기를 좋아한다. 당신이 메모나 편지를 쓴다면 생각을 표현하기 위해서 많은 단어가 필요할 것이다.

한마디로 당신은 예측할 수 없는 사람이다! 당신이 규칙을 만들어도 지키기는 어렵다. 당신은 즉흥적으로 일하며 살기를 좋아한다. 더는 어떻게 할 수 없을 때만 사용 설명서를 읽는다.

추억이 담긴 물건, 옷, 잡지, 서류 더미 등을 정리해 버리지 못한다. 토요일 내내 취미 생활 공간을 정리하느라 보내도 월요일이 되면 그 어떤 것도 버릴 수 없음을 깨닫게 된다.

당신이 아날로그든 디지털이든 스케줄러를 갖게 된다면 대개는 사용하지 않고 내버려 둘 것이다. 아마도 시간 관리에 관한 많은 책을 읽었거나 세미나에 참석했겠지만, 유감스럽게도 그런 것들은 당신에게 어떤 도움도 되지 못했을 것이다.

당신은 미리 계획하지도 못하고, 우선순위도 정하지 못한다. 결국 일정과 계획을 지키지 못해 죄책감만 쌓일 것이다. 이는 결코 당신이 게으르거나 둔하거나 야무지지 못해서가 아니다.

당신은 시각적이고 분산적이며 멀티형인 인간일 뿐이다. 시간 관리에 관해서 당신의 뇌는 완전히 다르게 접근해야 한다.

규칙을 즐기는 좌뇌형

당신이 좌뇌형이라면 당신은 정확한 성격이고, 잘 정돈된 환경에서 생활하는 것을 선호한다. 당신은 다음 일을 시작하기 전에 지금 하는 일을 끝내고 처리했던 업무들을 철해서 정돈한다. 다시 필요하면 금방 찾을 수 있기 때문이다. 당신은 목록을 작성하고 우선순위를 정하여 단계적으로 진행하는 것을 좋아한다.

당신은 시간을 잘 지키고 다른 사람들도 그렇게 하기를 기대한다. 당신이 회의를 소집하면 참가자들이 준비할 수 있게 회의 전에 안건을 보낸다. 당신은 정시에 회의를 시작하고 정시에 끝낸다.

당신은 익숙한 진행을 중요하게 생각한다. 규칙에 따라 살고 쉽게 예측할 수 있다. 매일 같은 루틴으로 시작한다. 이를테면 늘 같은 시간에 기상해 매일 비슷한 아침을 먹고 항상 같은 시간에 출

근한다.

이 모든 것이 당신과 비슷한가? 그렇다면 당신은 전형적인 좌뇌형 인간이다. 고전적 시간 관리는 바로 당신을 위해 만들어진 것이다.

우뇌형 인간에게 고전적 시간 관리, 즉 좌뇌형 인간에게 맞는 시간 관리를 따르게 한다면 다른 사람의 안경으로 세상을 보는 기분일 것이다.

10대 때는 주로 우뇌형의 시간 세계에서 산다. 반면 부모는 좌뇌형의 시간 진행으로 통제하려 한다. 이처럼 서로 다른 시간 세계는 짜증을 불러일으켜 오히려 많은 시간을 허비하게 한다는 사실을 우리는 경험을 통해 잘 알고 있다.

사람과의 관계에서 우리는 대개 자신과 대립하는 뇌 유형에 매력을 느낀다. 연구팀이나 프로젝트팀에는 보통 비슷한 뇌 유형의 사람들이 모인다. 하지만 팀이 성공하려면 서로 대립하는 사고 유형이나 일 유형의 사람들이 함께 협력해야만 한다.

시간이란?

시간이라는 현상은 원래 우리 머리 안에만 존재한다. 산업 혁명의 시작과 함께 "시간은 돈이다"라는 신조가 인정받았다. 그 이후로 하루가 24시간밖에 안 되고, 시간이 직선으로 흘러간다고 믿게 되었다. 그리고 우리는 동일하게 한정된 시간만을 사용할 수 있다고 생각하게 되었다.

아인슈타인은 이런 사고방식이 잘못되었다고 지적했다. 그는 시간이 상대적임을 증명했다. 예를 들어 보자. 당신은 치과에서 받은 마지막 치료를 기억하는가? 끔찍한 마지막 2분. 그 시간은 마치 한 시간처럼 느껴졌을 것이다. 이와 반대로 새롭게 만난 애인과 보내는 둘만의 오붓하고 아늑한 아름다운 저녁은 어떤가? 몇 시간이 몇 분처럼 느껴지지 않을까?

시간 의식이 변한다면 시간 관리도 개선할 수 있다.

즐겁게 일한다면 시간이 쏜살같이 느껴질 뿐만 아니라 뇌는 엔도르핀 같은 화학 물질을 생성한다. 엔도르핀은 정신 능력에 매우 긍정적인 영향을 끼친다. 이 화학 물질은 당신을 믿을 수 없을 정도로 창조적으로 만들고 책임을 무한히 감당할 수 있다고 느끼게 한다.

생산성이 높은 사람의 성공 비결은 직선적이 아니라 혼합적으로 시간을 인식하는 것이다. 그들은 동일한 시간에 한 가지 이상의 것을 실행할 방법을 찾아 보다 많은 목표에 도달한다.

당신은 모노형? 멀티형?

개인의 시간 관리 유형은 무엇보다도 시간을 사용하는 방식에서 명백히 드러난다.

- 당신이 시계에 따라 정확히 생활하고, 미리 계획하고 그 계획을 지킨다면, 당신은 모노형 시간 관리자다. 이는 좌뇌형 인간에게 매우 전형적이다. 시계가 유일한 척도며 좋은 시간 관리자란 모든 것을 빨리 완수하고 기한을 지키는 사람이다.
- 우뇌형 인간은 멀티형 시간 관리자이다. 그들의 시간은 본질적으로 계획 불가능한 직관과 감정이 정하는 요소들에 의해 흐른다.

63

모노형 인간	멀티형 인간
▪ 오직 한 가지 일에만 집중한다.	▪ 여러 가지 일을 동시에 한다.
▪ 일에만 집중한다.	▪ 빠르게 방향 전환하고 쉽게 중단한다.
▪ 예정 소요 시간(적확한 날짜나 일정)을 중요하게 생각한다.	▪ 예정 소요 시간을 노력하여 달성해야 할 목표로 생각한다.
▪ 맥락을 무시하며 정보만을 필요로 한다.	▪ 맥락에 의존하며 이미 정보를 가지고 있다.
▪ 일차로 일을 위해 노력한다.	▪ 인간관계를 위해 노력한다.
▪ 꼼꼼하게 계획을 지킨다.	▪ 별 이유 없이 자주 계획을 바꾼다.
▪ 다른 사람을 방해하지 않고 사적 영역을 존중한다. 사려가 깊다.	▪ 가까운 사람들은 자신의 사적 영역보다 더 중요하다.
▪ 사유 재산을 크게 존중하여 빌리거나 빌려주는 일이 드물다.	▪ 자주 그리고 기꺼이 빌려주고 빌린다.
▪ 단기간의 관계에 익숙하다.	▪ 평생 지속되는 관계를 만들려는 경향이 강하다.

64

멀티형 책임에 대한 예

활동적인 주부는 집안일, 남편, 아이들을 동시에 돌본다. 집안일을 잘 돌아가게 하고, 아이들을 발레 교습소나 테니스장에 데려다주고 다시 데려온다. 막간을 이용해 장을 보러 간다. 저녁 식사 시간에 맞추어 상을 차리는 것도 아주당연한 일이다.

동료와의 갈등을 해소하려는 매니저 또한 멀티형으로 일을 진행한다. 갈등을 해결해서 서로에게 귀를 기울이고 이해했다고 느껴 어떤 해결책을 공유하기까지 얼마나 많은 시간이 걸릴지 알 수 없다.

당신이 멀티형 시간 관리자라면 종종 시간을 보면서 규칙을 지켜야 한다. 시간 균형을 찾거나 시간 지체에 책임을 지기 위해 모노형 시간 관리자의 방식을 사용해 보자.

개인적 시간 관리를 하려면 우선 자신이 모노형인지 멀티형인지부터 명확하게 알아야 한다. 자신의 책임감이 두 범주 중 어디에 적합하지를 찾아내는 것이 실제로 도움을 준다. 다음과 같은 상황이 모노형과 멀티형의 책임 영역을 단적으로 보여 준다.

한 부부가 조부모님 댁을 방문할 예정이다. 남편은 러시아워를 피해 서둘러 출발하려 한다. 이것이 남편이 생각하는 출발을 위한 '정시'이다. 반면 부인은 자신이 입을 옷뿐만 아니라 아이 옷과 기저귀, 우유병을 준비하는 것은 물론

이고 화분에 물도 줘야 한다. 부인은 이른 시간이 아니라 모두 완전히 준비된 '적시'에 출발하려 한다.

이 부부에게는 두 가지 가능성이 있다. 서로 다투거나 동반자 관계로 화합할 것이다. 두 사람이 자신과 상대방의 장단점을 이해하고 장점을 활용하면 시너지 효과가 발생한다. 두 사람은 조부모님 댁에 정시에 도착할 수 있을 뿐만 아니라 큰 소란 없이 중요한 일들을 완수할 수 있을 것이다.

실천 팁

시간에 대해 당신과 완전히 다르게 이해하고 있는 사람을 찾아보라. 서로 어떻게 시간을 인식하고 관리하는지 이야기해 보자. 이때 상대방을 평가하지 말고 단지 차이점에만 관심을 기울여라. 한 팀으로 함께 일할 수도 있다. 서로에게서 장점을 취할 방법도 찾아보자. 처음에는 어려울지라도 점차 시간 관리에서 좌뇌와 우뇌도 함께 사용해 보자.

모노형과 멀티형의 장점과 단점

모노형의 장점

- 좋은 시간 관리자로 평가받는다.
- 효율적이고 목적 지향적이다.
- 우선순위를 정한다.
- 기한과 약속을 지킨다.
- 반드시 시간을 준수해야만 하는 일에 적합하다.

모노형의 단점

- 다른 일을 등한시할 정도로 시간에 집착한다.
- 동기나 인간관계처럼 구체적으로 측정 불가능한 일이나 상황에 거의 의미를 두지 않는다.

멀티형의 장점

- 인간 중심적이고 도움을 잘 준다.
- 감수성이 예민하고 직관적이다.
- 팀워크에 뛰어나다.
- 감정 이입 능력이 있는 리더형이다.
- 창조력을 발휘하는 일에 적합하다.

멀티형의 단점

- 시간이 얼마나 걸릴지 제대로 판단할 수 없다.
- 기한과 약속 이행에 문제가 있다.
- 효율적이지 못하고, 목표 지향적으로도 보이지 않는다.

67

앤 맥기 쿠퍼: 나는 좌뇌형 사업 파트너와 함께 일할 때 매우 놀라운 사실을 발견했다. 보통 내가 엄두를 내지 못하는 서류 정리나 보관, 잔무 등을 좌뇌형 파트너는 쉽게 처리하는 것이었다. 반면 전화 대응, 생산이나 세미나 아이디 어 발전시키기, 새 사업 분야로의 진출 및 추진 등과 같은 일을 하는 데는 힘 들어했다. 우리는 곧 생각과 작업 방식이 어긋나는 일들을 서로 외면한다는 사실을 깨달았다. 그 이후 일정 시간을 우리에게 어울리지 않은 일을 하는 데 쓰려고 노력했다. 그 결과 생산성과 일의 즐거움을 배로 높일 수 있었다.

모노형 시간 관리자를 위한 실천 팁

- 시계에 따라 생활을 계획하지 말자. 하루 전체를 계획하지 말고 자발 성과 삶의 즐거움을 위한 시간을 미리 정하자. 필요한 자유 시간을 확 보하기 위해 상상으로 약속을 만들어 업무 일정에 넣어 보자.
- 당신에게는 기한을 지키는 일이 가장 중요하다. 그러나 일에는 종종 기한 연장이 필요하다. 이러한 사실을 받아들이고 당신의 카드를 새 로 섞어라. 필요한 시간을 내기 위해 일의 순서를 다시 정하거나 중요 도를 고려해 보자. 이때는 완벽보다는 완성도를 생각해야 한다.
- 다른 사람에게 부담이 될 정도로 시간을 엄격하게 정하지 말자. 회의 가 길어지면 시계를 응시하기보다는 정중하지만 단호하게 회의를 중 지시켜라. 그리고 다음 일정상 가야 한다고 말하고, 기꺼이 다음 기회 에 회의를 이어 가고 싶다고 말하라.
- 시간 계획과 프로젝트에만 몰두하지 말고 함께 일하는 사람을 존중하 라. 인간관계를 위한 시간도 남겨 두자.

멀티형 시간 관리자를 위한 실천 팁

- 힘들겠지만 질서를 유지하도록 노력하라. 분명 당신은 혼란을 통제할 수 있을 것이다. 뒤죽박죽된 생활이 얼마나 많은 시간을 허비하게 하고 스트레스를 낳고 있는지 당신은 이미 알고 있다.
- 어떤 일이 얼마나 오래 걸릴지 현실적으로 평가한다. 앞으로 4주 동안 일상적 일들을 하기 위해 얼마나 오래 걸리는지도 파악하라. 그렇게 계산한 시간을 일정을 계획하는 데 기준으로 삼아라.
- 일정을 대충 지킬 생각으로 짜지 마라. 일정을 지속해서 새로운 것으로 바꾸지 마라. 앞으로 14일 동안 절대 연기해서는 안 되는 일정 목록을 작성해 보라. 이 목록을 항상 보이는 곳에 두자. 매일 저녁 이 목록을 보고 필요한 경우 보완하는 습관을 길러 보자.
- 너무 많은 일을 한꺼번에 하려고 애쓰지 마라. 예컨대 세 가지 일을 병행해서 처리하려는 목표를 정하지 마라.

당신은 분산형? 집중형?

우뇌형 인간은 일을 분산적으로 받아들인다. 즉, 모든 방향에서 생각하고 다양한 프로젝트를 동시에 진행하는 데서 힘을 얻는다. 무수히 많은 자료를 모아 수많은 아이디어를 창조한다.

좌뇌형 인간은 일을 집중적으로 받아들인다. 즉, 가장 주요한 일에만 제한적으로 집중하여 모든 것을 정확히 한 치의 오차도 없이 해내는 데서 힘을 얻는다. 좌뇌형 인간은 잘 정돈된 환경에서 일하기를 좋아한다. 기꺼이 일의 세세한 부분까지 신경 써 처리한다. 필요 없는 것은 포기하고 오로지 매일의 일정을 지킨다.

무엇이 분산형 인간을 자극하여 일하게 하는지 그리고 무엇이 집중을 좌절시켜 지루하게 하는지를 알아야 한다. 물론 이는 집중형 인간에게도 마찬가지다. 이 두 유형은 서로 자신에게 없는 것을 필요로 하게 된다. 그러므로 우리는 자신의 강점과 우월한 점에 집중해야 할 뿐만 아니라 부족한 점은 상대 유형에게 배울 수 있도록 노력해야만 한다.

분산형과 집중형 비교	
분산형	집중형
▪ 한 가지로 많은 것을 만들어 낸다.	▪ 많은 것에서 하나를 만들어 낸다.
▪ 다양성을 추구한다.	▪ 제한한다.
▪ 전체를 본다.	▪ 세부 사항에 집중한다.
▪ 병행해서 일한다.	▪ 단계적으로 일한다
▪ 지체 없이 시작한다.	▪ 시작하기 전에 계획한다.
▪ 직관적이다.	▪ 논리적이다.
▪ 자기 계발의 가능성을 좋아한다.	▪ 확실성을 좋아한다.
▪ 다양한 답을 찾는다.	▪ 최적의 답을 추구한다.
▪ 산만하고 불확실한 사람으로 여겨진다.	▪ 융통성 없고 원칙대로 하는 사람으로 여겨진다.

앤 맥기 쿠퍼: 나는 분산형으로서 매우 창조적이다. 일을 해결할 수 있는 새로운 가능성을 찾는 데서 큰 즐거움을 느낀다. 어떤 일에도 굳건하게 잘 버틴다. 불가능한 일에 도전하는 것을 사랑한다. 이런 내 강점을 자유롭게 펼친다면, 나는 세부 사항에 신경을 안 쓰면서 전체 전망도 잃지 않고 성공에 이르도록 새 프로젝트를 활성화시킬 것이다. 하지만 지금의 나는 실수에서 많은 것을 배웠고, 이제는 집중형처럼 조직적이고 계획적으로 일하려고 의도적으로 노력한다. 이는 다양한 내 아이디어를 더 이상 혼란에 빠트리지 않기 위해서다.

유연하게 융통성을 발휘하라

만약 당신이 전형적인 우뇌형의 분산형 인간이라면, 고전적 시간 관리의 규칙을 따르려 해도 성공할 수 없었을 것이다. 규칙을 이해 못 해서가 아니다. 문제는 당신이 이런 규칙을 시종일관 지킬 수 없는 사람이라는 것이다. 정확히 자신의 문제를 아는 것이 중요하다.

고전적 시간 관리의 규칙들은 집중형을 위해, 집중형에 의해 만들어진 집중 과정이다. 집중형에게는 이 모든 과정이 훌륭하게 작동한다. 이런 규칙은 많은 것을 약속하는 듯하지만 개인적 생각과 행동 방식에는 맞지 않아 규칙을 거부하는 분산형에게는 적합하지 않다.

반대로 분산형이 자신에게 맞게 시간 관리의 규칙을 정해 두었다면 좌뇌형의 집중형 인간은 적응하기 힘들 것이다.

이제 고전적 시간 관리의 규칙은 몇몇 사람에게만 유용한 것이 되었다. 곧 규칙은 옳거나 그르거나를 의미하지 않는다. 우리 모두에게 적용할 수 있는 유연한 규칙이 필요한 때다.

규칙 1: 할 일 목록 대신 브레인스토밍을 하라

할 일 목록을 작성하기. 집중형 인간에게 이보다 쉬운 것은 없다. 집중형 인간은 할 일 목록을 작성하기 전에 범위를 제한해 목록의 수를 줄인다. 실재적으로 중요한 일에 집중하는 것은 쉬운 일이다. 그래서 짧은 시간에 목록을 만들고 각 항목을 단계적으로 달성한다.

분산형 인간은 할 일 목록을 일단 작성해도 전적으로 즉흥적으로 실행하면서 동시에 많은 일에 몰두한다. 상세하게 할 일들을 목록에 넣기도 전에 모든 방향으로 벗어나기 시작한다. 한번은 이 과제를, 한번은 저 과제를, 곧 다가올 휴가를, 처리하겠다고 약속한 업무를 생각한다. 한곳에 중요한 요점을 적어 두고 다시 다른 곳에 두세 개의 요점을 임의로 적어 둔다. 한마디로 분산형 인간들은 할 일 목록을 작성하는 게 아니라 떠오르는 아이디어, 즉 브레인스토밍을 한다. 결국 할 일 목록이 만들어지지 않아도 만족한다. 다수의 새로운 아이디어가 떠올랐기 때문이다. 실제로 바라던 바이기도 하다.

규칙 2: 새로운 방식으로 우선순위를 정하라

우선순위 정하기 역시 집중형 인간에게 쉬운 일이다. 모든 것을 '흑백'으로 나누기 때문이다. 과제마다 'A'(중요하고 긴급한 일), 'B'(중요하지만 긴급하지 않은 일), 'C'(긴급하지만 중요하지 않은 일)로 분류하는 것이다. 그 외는 모두 'D'로 평가되어 쓰레기통으로 들어간다.

3. 타임 시프트: 시간 관리의 변화

반대로 분산형 인간에게 우선순위 정하기는 완전 고문이다. 집중형 인간들보다 우선순위 목록이 3배나 더 길다. 이들은 '해야만 하는' 과제가 아니라 '할 수 있는' 과제에 초점을 둔다. 분산형 인간은 우선순위를 문서로 만드는 일이 거의 불가능하다. 어떻게 이 세상의 일들을 'A'나 'B', 'C' 혹은 'D'로 분류하겠는가? 결국 분산형은 포기한다. 시간 관리는 바로 자신의 일이 아닌 것이다. 그렇다면 분산형에게 시간 관리란 무엇일까?

앤 맥기 쿠퍼: 어떤 누구도 분산형 인간의 문제를 나만큼 잘 공감하는 사람은 없을 것이다. 나는 12년 동안 이들에게 고전적 시간 관리를 가르쳐 왔다. 분산형 인간들이 고전적 시간 관리를 성공적으로 터득하리라는 희망에서였다. 나는 무수히 많은 시간 관리 책들을 읽었고, 관련 영화를 반복해서 보았고, 계획 체계를 만들었다. 그러나 그 어떤 것도 도움이 되지 못했다. 다시 말해 분산형

들은 내 조언을 실천에 옮길 수 없었다. 매번 죄책감과 더 큰 좌절을 느끼게 되었다. 그러다 크게 성공한 내 고객들 역시 마찬가지라는 것을 깨달았다. 그렇다면 우리가 모두 성공을 위해 혹은 행복을 위해 고전적인 시간 관리를 준수할 필요는 없지 않을까?

앤 맥기 쿠퍼는 창조적인 방법으로 시간 계획과 시간 관리의 새로운 길을 밟기 시작했다. 분산형 인간은 우선순위 목록을 작성하기 어렵다는 것이 분명해졌다. 대신 이들은 무수히 많은 다양한 뉘앙스가 각 과제에 있음을 안다. 생각하기에 따라 A 과제의 요점이 B 혹은 C 과제의 것이 될 수 있었다. 또 그 반대도 가능했다. 우선순위를 미루는 데는 전화 한 통화만으로도 충분했다.

물론 'C 과제 말고 A 과제부터 시작하라'는 규칙은 어떤 경우에도 실천할 수가 없었다. 게다가 앤 맥기 쿠퍼는 자신의 시간과 에너지를 가장 중요한 과제에 집중해야 한다는 원리를 알고 있었다. 분산형의 뇌는 덜 중요한 C 과제의 처리를 통해 오히려 뇌를 쉬게 하고 새로운 에너지를 얻기도 했다. 심지어 이 상대적으로 덜 중요한 C 과제를 작업하면서 A 과제를 위한 아주 새롭고 멋진 아이디어를 떠올리기도 했다.

집중형 인간은 쉽게 공감할 수 없는 이야기다. 공감할 수 없다고 해서 집중형 구조만을 고집해서는 안 된다. 분산형 시간 관리가 어떻게 기능하는지를 아는 것만으로도 절대 장점일 수가 있다. 분산형 인간 자체가 갖는 특별한 재능과 프로젝트를 이용할 수 있기 때문이다. 그러면 이제 분산형과 집중형의 장점을 갖춘 강력한 팀이 탄생하게 된다.

이 유연한 체계는 놀이처럼 선택하려는 욕구에 부합한다. 오래된 학습 도구인 포스트잇은 우뇌형, 즉 중요한 것을 계속 주시하는 시각 성향의 사람에게 도움이 된다. 이 방식으로 당신은 조직적으로 일할 수 있다. 당신이 다른 방향으로 일탈하더라도 전체 그림은 놓치지 않게 된다.

규칙 3: 당신만의 다이어리에 모든 일정을 써넣어라

달력이나 다이어리는 있어야만 한다! 비록 이런 비결이 낡고 집중형 시간 관리자에게만 유용해 보일지라도 말이다.

달력과 다이어리의 종류는 다양해 선택의 폭이 넓다. 하루, 일주일 혹은 한 달 계획 등을 세울 수 있는 달력이 있다. 휴대형이나 탁상형, 벽걸이형도 있고 DIN(독일 공업 규격) A5 크기의 달력도 있다. 스마트폰이나 태블릿같은 디지털 버전도 있다. 디자인도 다양해 분산형 인간에게는 엘도라도다. 그래서 가끔 유감스럽게도 결정에 애를 먹기도 한다. 곧 최선의 선택은 모두 사 보는 것이다. 어떤 것이 유용한지 알아보기 위해서 말이다.

분산형 시간 관리자는 적어도 세 종류의 달력이나 다이어리를

3. 타임 시프트: 시간 관리의 변화

가지고 동시에 이용한다. 휴대형 달력에 일정을 적기도 하고 스마트폰을 이용하기도 한다. 아니면 사무실 벽에 걸린 달력이나 책상 위 달력에 적기도 한다. 분산형들은 일의 마무리나 기록을 잘 못해서 달력이나 다른 메모장에 적은 약속을 모두 한 다이어리에 제대로 옮겨 적을 가능성이 거의 없다. 그래서 모든 일정을 고려할 수 없어 이중으로 계획을 세우기도 한다. 결국 분산형들은 실망하여 다이어리를 책상 서랍 속에 처박아 놓게 된다.

분산형 시간 관리자의 성공 비결은 다음과 같다.

- 단순하게 생각하기.
- 자주 시각화하기.
- 유연한 태도를 견지하기.
- 일을 즐거워하기.

앤 맥기 쿠퍼: 마음에 드는 다이어리를 딱 하나만 산다. 그 안에 나는 작은 포스트잇과 색색의 펜, 몇몇 가지 다채로운 스티커를 준비한다. 밖에서 일정을 정할 때 이렇게 한다. 먼저 일정이 비었는지를 확인하기 위해 사무실에 전화하거나 포스트잇에 일정을 임시로 기록해 붉은색 스티커를 붙여 둔다. 이 표시는 내가 일정을 다시 확인해야 한다는 신호다.

실천 팁

달력이나 다이어리에 색을 사용하라. 시간을 현실적으로 다루는 데 큰 도움이 된다.

- 노란색: 여행 시간도 고려하기 위해 출장은 노란색으로 표시한다. 일정에서 노란색이 많이 차지하지 않게 관리해야 회사에서 긴급한 일이나 가족을 위해 시간을 충분히 가질 수 있다.
- 붉은색: 고도로 준비를 요하는 일에 붉은색을 사용한다. 일을 시작하기 전에 주의, 계획, 시험해 보라는 신호를 보내는 것이다.
- 주황색: 시간을 정확히 지켜야 하지만 특별한 준비가 필요 없는 약속은 주황색으로 표시한다.
- 초록색: 당신에게 즐거움을 주는 모든 것을 초록색으로 표시한다. 달력이나 다이어리에 초록색이 많이 보여야 한다. 삶의 즐거움을 위해 시간을 할애할 때만 지속해서 실행력을 갖출 수 있게 된다.

성공적인 시간 관리의 관건은 자신의 즐거움을 위한 시간을 업무와 동일하게 계획에 반영해 이 일정을 사회적 의무처럼 정확히 신중하게 다루는 데 있다.

규칙 4: 계획을 지켜라

이 규칙은 집중형 인간에게는 아주 단순하고 가장 쉬운 일이다. 반면 분산형 인간에게는 가장 어렵고 절대 지킬 수 없는 규칙이다. 분산형의 작업 스타일에는 새로운 시작, 신선한 아이디어, 방향 전환 등이 포함된다. 판에 박힌 작업도 그들의 작업 스타일은 아니지만 그렇다고 계획을 시종일관 변경하는 것도 결코 그들의 작업 스타일이라고 볼 수 없다.

- 집중형 인간이 '왜 바퀴가 새로 발명되었을까'에 관해 생각한다면 이는 절대적인 시간 낭비다.
- 분산형 인간은 항상 새롭게 바퀴를 발명해야 한다. 그렇게 새로운 동기 부여로 느슨한 일상을 피할 수 있기 때문이다.

분산형 시간 관리의 비결은 일의 진행과 반복되는 체계를 매번 변화시키는 것이다.

앤 맥기 쿠퍼: 나는 몇 주에 한 번씩 사무용품점에 가서 마음에 드는 것이 있으면 모두 구매한다. 필요해서 사기도 하지만 단순히 디자인이 마음에 들어서 사기도 한다. 이를테면 멋진 연필이나 할 일 목록을 적어 포스트잇을 붙여

둘 수 있는 붉은색 메모 보드를 구입한다. 산 물건들 몇 가지는 그냥 시험 삼아 몇 번 써 보고 잘 사용하지 않을 것이다. 이와 같은 구매 활동은 내면에 있는 '놀이를 좋아하는 아이'를 활성화하여 귀찮게 생각하는 질서와 시간 계획을 긍정적으로 받아들이게 하는 데 효과적이다.

규칙을 만들 때 기분을 좋게 만들 것이 필요하고 이는 큰 값어치를 한다.

집중형 인간은 실제로 필요한 것만 산다. 이와 반대로 분산형 인간은 필요할지도 모르는 물건이나 그것으로 무엇을 해야 할지도 모르는 물건을 산다. 단순히 마음에 들기 때문이다.

분산형 인간이라면 종종 물건들을 자유롭게 구매하도록 자신에게 허락해도 좋을 것이다. 이때 지출 비용은 반드시 제한해야 한다. 예컨대 동기를 유지하기 위해, 계획된 목표에 매진하기 위해 한 달에 50유로 정도는 어떨까? 가치 있는 투자일 것이다. '창조적 쇼핑'은 정력과 집중력, 창의력에 영향을 미쳐 두 배로 보상한다.

속도와 만족의 균형을 잡아라

집중형과 분산형은 속도와 만족, 고속과 즐거움에서도 서로 대립한다. 두 요소가 함께해야 실제로 더 효과적이다. 즉 한 요소가 다른 요소를 위해 희생한다면 장기적으로 큰 손실을 낳는다.

유감스럽게도 성인인 우리는 오락과 놀이를 공부와 일을 위해 포기할 수밖에 없다. 컨베이어 벨트의 발명과 독일 REFA^{Reichsausschuss für Arbeitszeitermittlung}(작업 시간 측정 위원회) 연구는 최적으로 규격화된 설비가 최고의 속도와 생산성, 수익으로 이어진다고 오랫동안 믿게 했다. 오늘날 우리가 창조적 잠재 능력을 억압하고 효율적으로 더 빠르게 일하는 데만 집중한다면 창조적 개인이 될 가능성을 상실하게 될 것이다.

창조적 잠재 능력을 결코 효율과 속도에 종속시키지 마라!

장수와 건강에 관한 연구에 따르면 일상에서 일과 즐거움을 동등하게 결합하고 균형을 유지하는 사람들이 더 오래, 더 행복하게 삶을 누린다고 한다.

좌뇌형인지 혹은 우뇌형인지, 모노형인지 혹은 멀티형인지, 집중형인지 혹은 분산형인지와 관계없이 성공 비결은 일과 즐거움의 균형을 유지하려고 늘 새로운 길을 모색하는 데 있다. 속도를 가능한 한 즐거움의 가치와 대응시켜 보자. 그러면 당신은 일에서 새로운 에너지를 얻을 것이다. 즐거움과 휴식을 성공의 중요한 요소로 기억해 두자.

시간 관리에서 삶의 관리로

"인간은 생명을 연장할 수 없지만,
하루하루에 생명을 부여할 수는 있다."

| 미국 경영 지혜 |

다이낵서티와 혼란의 시대에 시간 관리는 그 자체로 모순처럼 들린다. 아무것도 확실하지 않기 때문이다. 모든 것이 하루아침에 변할 수 있다. 예측 불가능한 도전이 계속 존재한다. 사실 오늘날 시간은 10년 전과 같이 관리될 수는 없다. 마음에 들든 안 들든, 시간은 지속적으로 무자비하게 주위에 아무런 영향을 받지 않고 흘러간다. 우리는 단지 자신을 관리할 수 있을 뿐이다. 이는 시대가 불확실할수록 중요해진다.

한번 잠시 멈추어 보자. 그러면 곧바로 무슨 일이 일어날까? 당신의 인생 시계에서 얼마간의 시간이 흘러갔다. 돌이킬 수 없는 일이다. 나쁘기만 한가? 당신이 시간의 흐름을 어떻게 생각하든지 간에 인생 시계는 되돌릴 수 없다. 다만 우리는 시간을 우리의 생각에 따라 관리할 수 있을 뿐이다. 아니면 적어도 그렇게 하려고 시도할 수 있다!

당신은 여기에 있다.

인생 눈금자

100센티미터의 눈금자를 생각해 보자. 혹은 아무 자나 잡고 100센티미터라 여기고 엄지손가락을 현재 나이에 해당하는 숫자에 놓아 보라.

엄지손가락 왼쪽에 있는 숫자를 보라. 그 숫자는 당신이 지나쳐 온 과거다. 즐거웠든 혹은 괴로웠든 어쩌면 둘 다였을 지나간 시간이다. 지나온 시간은 지금 어떤 역할도 하지 않는다. 이 시간을 되돌릴 수도, 바꿀 수도 없기 때문이다. 화내지 말고 되돌아보자. 옛말에 엎질러진 우유를 두고 울어 봐야 소용이 없다고 했다.

당신이 지금 바로 위치해 있는 숫자의 오른쪽이 더 중요하다. 이는 앞으로 살아갈 날들을 의미한다. 여기에서 의미 있는 질문은 다음과 같다.

- 통계적 평균 '수명'까지의 거리는 얼마나 되는가?
- 당신은 대략 앞으로 얼마나 긴 시간적 거리를 가지고 있는가?
- 당신은 앞으로 남아 있는 시간 동안 무엇을 할 수 있고, 무엇을 하려고 하는가?

4. 시간 관리에서 삶의 관리로

현장에서 이 인생 눈금자를 재 보기 전에 참석자들은 종종 다음과 같이 이야기한다. "아! 나는 이미 눈금자가 무엇을 의미하는지 알 것 같아요." 그리고 잠시 뒤 눈금자의 위 검정 숫자를 보고 인생의 반이 이미 흘러갔다는 것을 확인하면, 이게 얼마나 끔찍한지 일인지 알 수 있다. 이 체험이 앞으로 당신을 자극할 것이다. 당신은 진정한 인생 눈금자를 이미 손에 쥐고 있기 때문이다. 해 볼 만한 일이다.

독일의 한 와인 광고에 이런 카피가 있었다. "질 나쁜 와인을 마시기에 인생은 너무 짧다." 우리는 다음과 같은 사실을 의식해야 한다.

오늘은 새로운 시간 의식으로 시작할 수 있는 남아 있는 내 삶의 첫째 날이다!

삶의 관리나 시간 관리에서 개인의 삶이 추구하는 의미는 점점 더 중요하게 여겨지고 있다. 이제 우선순위에 따라 우편물을 분류하는 식의 시간 관리는 의미가 없다는 뜻이다.

시간 관리는 자기 관리이자 적극적인 삶의 형태 혹은 삶의 주도권이다.

시간을 자율적으로 다룰지 혹은 타율적으로 다룰지는 무엇보다 우리 자신에게 달렸다. 분명 우리는 주변 세계에 원하는 방식으로 영향을 미칠 수는 없지만 그렇게 할 가능성은 점점 더 커질 것이다.

시간 주도란 시간, 즉 삶을 자신의 생각과 희망에 따라 만드는 것을 뜻한다. 물론 주어진 제한 조건 내에서 말이다. 우리는 이러한 제한 조건을 변경할 수도 있다.

빠르게 변하는 세상에서 시간 관리는 속도보다는 리듬으로 체험하며 직장과 개인 생활에서 정말 중요한 사항에 집중하는 것이다. 그리고 직업적 삶과 개인적 삶이 조화를 이루도록 해야 한다.

주도적 삶을 사는 데 시간 관리의 중요성이 점차 커지면서 이에 관해 스티븐 코비Stephen Covey가 자신의 책에서 인상적으로 설명해 큰 주목을 받았다.

'시간은 돈'에서 '시간은 삶'으로

"시간은 돈이다"라는 유명한 시간 원칙은 벤저민 프랭클린이 남긴 말이다. '시간'에 대한 프랭클린식의 물질주의적이며 양적인 태도를 다른 질적 관점과 비교해 보려 한다. 즉, 시간은 삶이다. 시간은 본질적으로 돈보다 더 가치 있는 것이다. 시간은 회복할 수 없기에 "시간은 삶이다!"

잃어버린 돈은 언제든 다시 벌 수 있다. 그러나 시간은 절대 그럴 수 없다. 누군가 당신의 돈 200유로를 훔치려 한다면 당신은 온 힘을 다해 막으려 할 것이다. 그런데 누군가 당신의 두 시간을 빼앗으려 한다면 대부분 그냥 내버려 둘 것이다. "우리 사회에서 벌을 받지 않는 유일한 도둑질은 시간 도둑이다." 나폴레옹은 이미 알고 있었다.

우리가 일상적으로 작업을 긴박하게 하는 데서 시간 관리의 핵심 문제가 발생한다. 성급함에 빠져 삶의 비전과 우선순위를 아주 쉽게 놓쳐 버리기 때문이다. 순식간에 모든 것이 변할 수 있다. 주변 사람들 대부분은 모든 일을 바로 지금 하기를 원한다. 아마 가장 좋은 일에는 무관심할 것이다. 실제로 중요한 일은 나중으로 미뤄야 한다. 만약 '시간이 있다면' 우리는 실제로 중요한 일에 몰두하게 될 것이다. 하지만 근본적으로 우리는 이 개인적 여유 시간을 아직 가진 적이 없다.

88

업무에서 시간 관리를 증상에 따라 치료해 보지만 절대로 시간 문제의 진짜 원인을 제거하지 못한다! 일정 달력과 서류 분류 철, 다이어리, 다기능 오피스 프로그램은 가속화된 일상의 업무를 완수하는 데 도움이 된다. 하루의 계획, 할 일 목록, 프로젝트를 위한 각종 서식은 작업 시간을 확실하게 잘 활용할 수 있게 해 준다. 우리는 규칙적으로 하루하루를 계획하고, 확실하게 우선순위를 정하고, 방해 요소와 시간 도둑을 일관성 있게 제거할 수 있다. 이와 같은 실제적 시간 관리는 효율성을 지속적으로 개선하는 데 적합하다. 그런데도 잘못된 활동에 집중한다면, 우리는 계속 시간 스트레스 상황에 있지만, 본질적으로 더 전문적으로 체계화되어 있다. 다시 말해, 우리는 여전히 혼란스럽지만 더 높은 수준에 있다.

당신은 이번 주에도 70시간 이상 일했는가? 그리고 고속도로에선 2000킬로미터 이상 달렸는가? 37명의 고객을 만났는가? 그것이 훌륭한 실적이라고 느끼는가?

솔직히 말해 이 시간에 실제로 무엇을 성취할지는 여전히 알 수 없다. 이는 효율성의 문제가 아니라 실효성의 문제다. 현대 경영자들의 정신적 지주인 피터 드러커Peter F. Drucker는 1960년대에《피터 드러커 자기경영노트》에서 "모든 것을 조금 더 하자"에 반대하여 핵심적 우선순위에 집중하자는 "우선 중요한 일을 먼저 하자"

를 주장했다. 실효성은 옳은 일을 하는 것이다.

돈다발이 당신 앞에 떨어져 있다고 생각해 보자. 500유로짜리와 5유로짜리 지폐 뭉치다. 지나가는 사람에게 돈을 주울 수 있게 한다면 당신은 우선 무엇을 집겠는가? 물론 액수가 큰 지폐일 것이다. 그것이 바로 '실효성'인 것이다. 다른 모든 사람도 똑같이 할 것이다!

지난주 당신은 직업상 무엇을 했는가? 당신은 진정 "중요한 일", "주요한 주안점"에 집중했는가? 혹은 많은 작은 부수적인 일에 시간을 소비했는가?

효율성은 일을 올바르게 하는 것이고 실효성은 옳은 일을 하는 것이다.

아웃룩, 생산성 앱App, 시간 계획서 같은 시간 관리 도구를 이용하거나 시간 관리 세미나에 참석한다고 해서 보다 많은 시간을 확보한다고 믿는다면 엄청난 착각이다. 일에서 효율성은 높일 수는 있겠지만 무조건 더 실효성을 거두기는 어렵다. 결정적인 것은 당신이 삶의 시간이라는 자본을 어떤 과제에 투자하느냐에 달려 있다. 당신의 행위에 더 큰 의미를 부여한다면, 시간 관리는 그래서 삶의 관리가 되는 것이다.

　직업적 또는 개인적 삶의 목표에 맞춰 총체적인 시간 관리와 목표 관리, 자기 관리의 최고 단계에 이르기까지는 다양한 발전 단계들이 존재한다. 다음에 나오는 단계를 보면 0~3단계까지는 대다수 사람이 처한 상황이다. 일정과 자주 해야 할 일들을 기록하며 어쨌든 일관성 있게 완수해야 하는 것들이다. 전문가들은 시간 계획서 혹은 일정 관리 앱 같은 적절한 소프트웨어를 사용한다(4단계). 극소수의 사람만이 연간 목표를 작성한다(단계 5). 심지어 삶의 비전을 기록할 수도 있다(단계 6). 그리고 짧은 하루의 활동을 장시간이 필요한 삶의 목표에 부합되게 자신의 시간을 통제하고, 결국 삶을 통제하게 된다(단계 7). 마지막 단계에 이르는 사람은 아주 드물다. 이제 당신은 어떻게 마지막 7단계까지 도달할 수 있는지 다음 장에서 경험하게 될 것이다.

시간·목표·자기 관리를 포함한 발전 단계[*]

7. 나의 하루 활동은 삶의 목표와 관련이 있다.

6. 나는 삶의 비전을 말할 수 있다.

5. 나는 연간 목표를 작성한다.

4. 나는 시간 계획이나 우선순위 목록을 작성할 수 있는 소프트웨어를 이용한다.

3. 나는 매일 활동 목록을 작성한다. 예를 들어 다이어리에 기록한다.

2. 나는 종이에 기한을 정해 완수해야 할 일들을 기록한다.

1. 나는 약속을 잊지 않기 위해 일정 관리용 다이어리를 이용한다.

0. 나는 모든 것을 머릿속에 담아 두고, 언제 무엇을 해야 하는지 절대 적지 않는다.

[*] Prof. Dr. Lothar Seiwert, D-67435 Neustadt/Weinstraße, www.Lothar-Seiwert.de

총체적 시간 관리와 삶의 관리:
일과 삶의 균형

"어떤 것이 독이 될지 약이 될지는 복용량에 따라 결정된다."

| 히포크라테스 |

"미안하지만 지금 그 일을 할 시간이 없다!" 우리는 이런 말을 얼마나 자주 듣고 사용하는가? 이미 오래전부터 많은 이들이 직장생활과 개인 생활의 균형을 잃어버렸다. 친한 친구가 자신을 되돌아보게 된 한 사건을 내게 이야기해 준 적이 있다.

얼마 전에 한 동창에게서 전화가 왔어. 오래전부터 그 친구의 소식을 듣지 못했는데, 심근 경색으로 병원에 누워 있다고 그랬어. 이제 마흔세 살이야. 곧 이혼도 할 것 같다고 하더군. 항상 일이 먼저였고 부인이나 아이들과 함께 시간을 보낸 적이 없었대. 이제야 겨우 어떻게 의미 있게 앞으로의 삶을 계획할 수 있을지 진지하게 생각하게 되었다고 하더군.

다시 읽어 보면 생활에서 균형을 잃어버렸다는 것을 확실히 알 수 있다. 증가 일로에 있는 디지털화가 일과 여가를 분리할 수 없게 하기 때문이다. 그 결과 일과 개인의 삶이 뒤섞이는 현상이 나타났다. 오늘날 개인의 생활 영역들은 서로 침투하여 경계가 무너지고 있다. 즉, 우리는 24시간 연락할 수 있고 눈 깜짝할 사이 세상과 소통한다. 집에서도 근무할 수 있고, 인터넷 시장은 늘 열려 있다.

일과 개인의 삶이 이렇게 경계 없이 뒤섞여도 괜찮은 것일까? 이러한 현상은 빠르게 변화하는 세상에서 오히려 소외감을 느끼게 해 스트레스를 가중시키고 있다. 두 영역의 균형을 잃었기 때문이다. 그렇다고 일과 삶의 균형은 일과 여가의 구별을 의미하지는 않는다. 두 영역은 서로 명쾌하게 구별되거나 균형을 이루지 못한다. 사실 우리는 시간의 대부분을 일로 보낸다. 일은 삶의 한 차원에 불과하다. 그러므로 우리는 자신에게 중요한 것들과 일을 통합하는 데 마음을 써야만 한다.

나는 하노버 의과대학에서 연구원들과 이 주제를 논의하며 공동 협력해 왔다. 균형에 관한 'SHAPE 연구'가 그것이다. 직업상 몸이 상할 정도로 열심히 일만한 사람보다 많이 일하면서도 다른 일을 위해 시간을 내며 생활하는 사람이 모든 면에서 최상이었다. 따로 친한 사람들을 만난다거나 운동, 종교 생활 등으로 시간을 보내는 것이다. 그렇게 보면 삶에서는 시간 문제가 존재하지 않고 '다만' 우선순위가 문제다.

삶의 한 영역만 일방적으로 과도하게 강조하다 보면 다른 영역에서 문제가 발생할 수밖에 없다. 삶의 여러 영역이 조화롭게 상호작용해야 일과 삶의 균형을 이룰 수 있다. 그 어떤 영역도 등한시해서는 안 된다. 결국 시간 관리란 꿈과 목표에 더 가까이 가는 데 중요한 것들을 배우고 실천하는 일이다. 단호하게 중요한 것을 선택할 수 있어야 한다. 디지털 세상에서 우리는 항상 스스로 결정을 해야만 한다.

총체적 시간 관리와 삶의 관리는 삶의 주요 영역, 즉 직업, 가족, 건강, 의미를 위한 시간 창출과 이 네 영역의 조화로운 균형과 유지를 목표로 한다.

이와 관련해 독일의 신경학자이자 정신 분석가로 실증 심리치료를 고안한 노스라트 페세쉬키안Nossrat Peseschkian(www.wiap.de)은 의

미 있는 제안을 했다. 그는 상호 문화 연구에서 직업적 삶과 개인적 삶의 균형에 영향을 미치는 네 가지 요소를 강조했다.

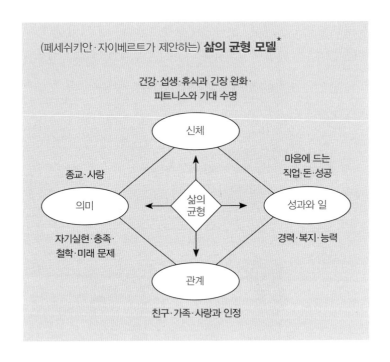

(페세쉬키안·자이베르트가 제안하는) **삶의 균형 모델**[*]

건강·섭생·휴식과 긴장 완화·
피트니스와 기대 수명

신체

종교·사랑

마음에 드는
직업·돈·성공

의미

삶의
균형

성과와 일

자기실현·충족·
철학·미래 문제

경력·복지·능력

관계

친구·가족·사랑과 인정

개인 삶의 영역들은 상호 의존적이다. 한 영역에만 과도하게 시간을 들이면 다른 영역은 등한시하게 된다. 직장 생활에만 시간을 집중하면 건강과 사적 인간관계는 소홀히 할 수밖에 없다. 삶의

---

[*] ©Prof. Dr. Lothar Seiwert, D-67435 Neustadt/Weinstraße, www.Lothar-Seiwert.de

의미와 가치 추구와도 멀어진다. 개인의 능력과 동기는 빠르게 줄어들어 결국 '더 많이'에서 '더 적게'가 된다.

삶의 균형을 위한 실천 팁

삶의 네 영역의 총합을 100퍼센트라고 하자. 이제 당신의 현재 삶을 들여다보자. 이때 당신이 바라는 삶의 상황이 아니라 현재 상황을 관찰해야 한다.

- 당신은 활동 시간(깨어 있는 시간을 말한다. 대략 3분의 1에 해당하는 '수면 시간'은 고려하지 않는다)과 에너지, 집중력의 몇 퍼센트를 일과 성과 영역에 바치는가?
- 당신은 신체와 건강 영역에는 몇 퍼센트를 투자하는가?
- 당신은 사회적 관계와 사적 관계 영역에 몇 퍼센트를 바치는가?
- 당신은 의미 문제와 미래 문제를 생각하는 데 몇 퍼센트를 할애하는가?

100퍼센트를 가능한 한 즉흥적으로 삶의 네 영역에 빠르게 나누어 보자. 당신이 고민하거나 생각할수록 결과는 더 비현실적이 된다!

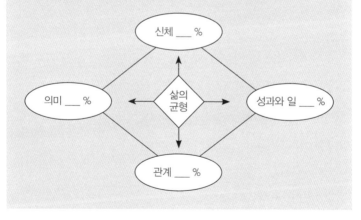

5. 총체적 시간 관리와 삶의 관리: 일과 삶의 균형

의미 가족 신체 일

당신 삶의 균형은 어떤 상황인가? 성과와 일의 영역에 50퍼센트나 60퍼센트 혹은 70퍼센트 이상의 가치를 두고 있는 경우가 많다. 그에 반해 의미 영역에는 대부분 5퍼센트나 10퍼센트 혹은 설령 많다고 하더라도 15퍼센트 정도를 할애한다. 우리는 의미 사회가 아니라 성과 사회에 산다.

우리 대부분은 직업을 가지고 있으므로 성과 영역에 높은 숫자를 매기는 것은 자연스러운 일이다. 이와 같은 양적 불균형은 언뜻 자연스러워 보인다. 균형 문제를 단순하게 계산할 수 없다. '100을 삶의 영역의 숫자로 나눈다'라는 공식에 따르면 네 영역 모두 똑같이 25퍼센트가 되어야 한다.

심한 불균형이 한두 영역에서 나타나 불가피하게 다른 영역에 영향을 미치게 된다.

■ 성과와 일의 영역에 너무 치우치면 건강 영역에서 심신과 관

련한 문제가, 관계 영역에서 갈등이, 가치 영역에서 위기가 발생할 수 있다.

- 성과와 신체 영역의 숫자가 일방적으로 높게 나오는 경우는 프로 스포츠 선수들에게서 볼 수 있다. 이런 선수들은 부상에 시달리고 개인적 교제가 거의 없다. 언젠가는 이런 매우 단순하고 부자유한 생활에서 아무런 의미도 찾을 수 없게 된다.
- 오직 삶의 의미만을 추구하고 의식 확장에만 열중하는 사람들 역시 막다른 지경에 이르거나 사이비 종교 공동체에서 생을 마감할 가능성이 크다.

개인적인 편안한 느낌의 균형은 네 가지 삶의 영역이라는 관점에서 볼 때 매우 다르게 인식된다. 이는 주관적으로 인식되는 시간의 질 때문이다. 초고속 비행기처럼 지나간 저녁 음악회에서 즐겁게 보낸 한 시간은 주말에 '집중해서' 소득세 신고 서식을 채우는 지루한 10시간보다 질 높은 만족을 준다.

성공의 관건은 삶의 네 영역의 균형에 있다. 즉 일과 삶의 균형이다.

노스라트 페세쉬키안은 심신의 상호작용, 즉 심리와 신체, 사회 환경의 건강한 상호작용에 관한 연구에서 네 영역 모두에 충분한 시간과 관심을 기울여야 한다고 강조했다. 신체와 정신의 건강을 위해서다. 페세쉬키안의 연구는 서구 산업 사회에 존재하는 네 영역의 서열을 명쾌하게 보여 준다.

1위 성과. 일에 대한 강한 의무감, 과제에 대한 책임감, 업무에서 계속 발전하고자 하는 소망은 이 성과 영역에 몰두하게 한다. 비현실적 계획이나 무계획, 명확하지 않은 우선순위, 비효율적 작업 방식, 일정 압박, 지연된 과제 때문에 생긴 양심의 가책은 퇴근 후에도 쉽게 떨쳐지지 않는다.

결국 시간 때문에 받는 스트레스가 문제다. 끝내지 못한 일을 집에 가져가면 자유를 만끽할 수 없다. 당연히 나머지 삶의 세 영역도 고통받는다.

2위 건강. 보통 건강은 관심의 대상이 아니다. 아파야 비로소 건강의 중요성을 알게 된다. 그래서 불가피하게 점점 더 많은 사람이 건강 유지나 건강 회복에 상당 시간을 들인다. 물론 그렇게 해서 높은 직업적 능력을 발휘할 수 있게 된다는 전제하

에서만 그렇다.

3위 관계. 성과 사회에선 가족이나 직장 동료 혹은 친구와의 관계를 유지하기 위한 시간이 거의 없다. 퇴근 후에도 일에 대한 의무감과 각종 미디어 등이 모든 인간관계에 투자할 시간을 갉아먹는다. 점점 더 많은 사람이 소외와 고립의 위험을 고통스럽게 인식하고 있어 관계 영역에 의식적으로 신경 써야 한다고 생각한다.

4위 의미. 많은 사람이 삶의 가치에 관한 질문이나 추구하는 바에 관한 질문에 관심이 별로 없다. 하지만 신앙 문제에 몰두하고 미래 문제에 점점 더 시간을 할애하는 사람이 많아지고 있다.

우리 사회는 현재 가치 변화를 경험하고 있다. 즉, 의미를 충족하는 삶과 시간, 가족의 중요성을 인식하게 되었다. 한 영역에 과도하게 집중하는 대신 네 영역의 균형과 조화를 위해 노력해야 한다.

우리는 매일 한정된 시간만을 사용할 수 있다. 한 영역을 확장하면 다른 영역은 제한받을 수밖에 없다. 적어도 귀중한 시간을 더 유용하게 사용하는 데 제한을 받게 된다.

총체적 시간 관리는 결국 시간을 좀 더 잘 이용하고 삶의 균형을 유지하는 데 도움이 된다.

Part 2

**시간 운용과
실효성을 위한
4단계**

개인의 성공 피라미드

"천 리 길도 한 걸음부터."

| 중국 격언 |

삶의 설계

한 개인의 직장 생활 주기에 관한 연구에 따르면 다음 세 단계를
거친다.

직업 교육 → 직업 활동 → 은퇴

이와 같은 구분은 이미 오래전에 낡은 것이 되었다. 전에는 대
게 직장 생활을 하는 마지막 순간까지 온전히 능력을 발휘해 직무
를 수행했다. 그러다 은퇴 연령에 도달하면 은퇴 쇼크와 같은 문제
들을 안고 급작스럽게 직업과 작별해야 했다.

　오늘날에는 유연한 업무 시간 모델과 생애 주기 모델 덕분에 은퇴로 매끄럽게 이행할 수 있게 되었다. 은퇴 후에도 임시 관리자, 시니어 컨설턴트, 신입 사원 멘토 등으로서 새로운 도전을 할 가능성이 커졌다.

　은퇴는 즐거움을 동반한다. 자신을 위한 시간을 드디어 가질 수 있기 때문이다. 우리는 삶의 목표를 실현하는 데 필요한 개인적 시간 예산안을 은퇴 후가 아니라 직장 생활의 정점에서부터 일관성 있게 작성해 놓아야 한다.

　의식적인 행복한 삶, 삶의 구성, 자기 관리, 성공적인 삶의 설계, 쾌락주의 등은 '시간'과 관계된 단어들이다. '시간'이라는 값비싼 재화를 개인적으로 소유하고 싶다는 욕구를 표현하는 몇 가지 현대적 키워드다. 그렇게 얻어진 시간 주도권은 자기실현과 인격 계발을 가능하게 한다. 시간 주도권은 '삶의 질'의 일부이며 우리가 노력하여 쟁취해야만 하는 것이다.

시간 주도권을 통한 삶의 경영과 자기 관리는 직업적 생활과 개인적 생활 영역 모두에서 비싸고 희소한 자산인 '시간'을 자기 책임하에 의식적으로 조화롭게 다루는 것을 뜻한다.

세 번의 성인기: 새로운 삶의 단계

자연 과학과 사회 과학에 유포된 생애 주기 또는 생애 국면 이론에 따르면 인간은 대체로 7년마다 인격 발전의 새로운 단계에 들어선다고 한다. 안정 단계에 이어 과도기가 나오기도 하며 그 반대가 되기도 한다. 각 단계는 가정생활과 직업 생활에서의 사회적 변화 과정과 연결되어 있다. 성인의 경력 및 생애 주기에 관한 연구에 따르면 우리의 특정 행동 방식과 목표의 우선순위는 삶의 흐름 속에서 몇 번이고 변한다.

많은 사람이 직업 활동의 첫 시기는 경력을 쌓기 위해 힘을 집중하는 단계라고 간주한다. 이 단계에 있는 사람들은 철저히 일에 집중한다. 가족과 자유 시간은 이차적인 문제가 된다. 이들은 자신의 상황에 만족하고 매우 의욕적이어서 장시간 초과 근무를 할 준비가 되어 있다.

출세와 소득 지향적 사고는 개인의 인생 목표를 지배한다. 일할 수 있는 시간이 중년기에 압축되어 있다는 점과 '성공한 직장 생활'이라는 낡은 관념도 점점 부담으로 느껴진다. 이 정형화된 생활 방식은 계속해서 문제가 된다. 과중한 요구, 배가되는 부담감, 분주함, 스트레스 등과 같은 부정적 현상들이 늘 따라다니는 것이다.

성인의 생애 주기는 근본적으로 바뀌었다. 오늘날 인간이 실제로 성인이 되고 성숙기에 도달하기까지 더 오래 걸리는 한편, 기대 수명은 지속해서 증가하고 있다.

- 21세에 시작하여
- 65세에 끝나는

성인의 정점은 이제 옛이야기가 되어 버렸다. 미국 여류 작가

게일 쉬이$^{Gail Sheehy}$는 인생의 중간 즈음인 대략 45세를 생의 새로운 단계로 설정하고 이를 2차 성인기라 명명했다.

갱년기 이후 새로운 삶의 단계를 긍정적으로 받아들이는 사람들은 노쇠해 가기는커녕 개인적 발전에서 놀랄 만한 진전을 보인다. 더욱 높아진 삶의 질이 삶에 대한 깊어진 이해와 여유 있는 유머러스한 자세 그리고 창조성과 결합하는 것이다.

지난 몇 년간 사회적·개인적 규범과 가치가 빠르게 변화하고 있다. 이는 게일 쉬이가 제시한 새로운 삶의 단계와도 부합한다.

- 13세가 거리낌 없이 공공장소에서 흡연하고,
- 16세가 친구들과 긴밀해지고,
- 30세가 여전히 부모님과 함께 살고,
- 40세 여성이 첫 출산을 하고,
- 50세가 강제로 조기 퇴직을 당하고,
- 65세가 공부를 시작해서 국가시험에 통과해 직업을 얻고,
- 70세가 마라톤 대회에 출전하고,
- 80세가 이성과 교제하고 섹스를 즐겨 성장한 자녀들을 불안하게 한다.

전혀 낯선 일들이 아니다.

게일 쉬이는 특징적인 삶의 단계를 셋으로 구분한다.

109

게일 쉬이의 새로운 성인 생애 주기*

임시
성인기
18~30세

1차 성인기
30~45세

망설이는
20대

의욕적인
30대

전력투구
40대

교육

즐거움

출발

입사 시험
합격

작별

절망

중년의
위기

★ Gail Sheehy, New Passages. Mapping Your Life across Time. 2. Aufl. New York: Ballantine Books, 1996

- 임시 성인기(18~30세)
- 1차 성인기(30~45세)
- 2차 성인기(45세 이상)

성인기 새로운 삶의 3단계를 로드맵으로 볼 수도 있다(110~111 쪽 "게일 쉬이의 새로운 성인 생애 주기" 참조). 이와 같은 쉬이의 새로운 삶의 단계에서 획기적인 것은 '성인 혁명'이라고도 할 수 있는 중년기의 '2차 성인기'다.

45세가 되는 날 당신은 새롭고 흥미로운 삶의 단계에 들어선다.

대략 45세를 전후하여 우리는 새로운 영역에 발을 내디딘다. 이 영역을 쉬이는 '숙달mastery'이라고 명명했다. 드디어 우리는 인생의 어느 지점에 서 있는지, 자신이 누구이고 무엇을 원하는지 그리고 원하는 바를 어떻게 성취할 수 있는지를 알게 된다. 이제 개인적 구상에 따라 삶을 만들어 가는 결정적인 변화의 시간이 된 것이다. 하지만 삶에서 무엇인가를 만들어 내는 것은 나이와 무관하게 전적으로 당신에게 달렸다. 너무 늦어질 때까지 기다리지 마라!

성공적 인생으로 향하는 4단계

시간 주도권과 실효성을 잡기 위한 4단계 성공 프로그램이 어떻게 작동하는지 보자.

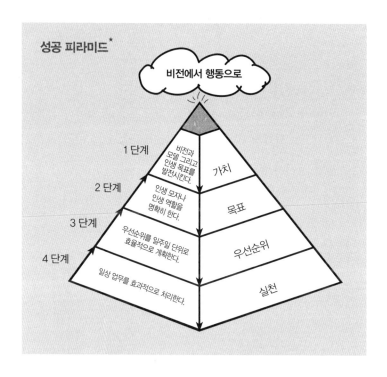

- 1단계: 인생의 비전과 직업적·개인적 이상을 발전시키고 인

생 목표의 첫 번째 안案을 작성한다.

- 2단계: 인생 모자나 인생 역할을 정한다. 당신은 이 모자를 쓰고 하루하루 인생을 통과해 간다. 이런 도구들은 당신의 장기적 비전을 일상에 고정해 주고, 그 비전을 내용과 생명력으로 채울 수 있게 한다.

- 3단계: 일주일 동안 해야 할 일의 우선순위를 정하는 주간 계획을 세우기 시작한다. 하루 일정에서 시급한 일을 먼저 처리해야 한다는 압박 때문에 외부에서 정해진 일정을 우선시한다. 하지만 정말 중요한 직업적 목표와 개인적 목표에 집중하는 데 도움이 되는 것은 주간 계획이다.

- 4단계: 변화를 위해 그리고 자신에게 동기를 부여하기 위해 매일의 결과가 중요하다. 하루는 우리가 사는 시간의 단위이기 때문이다. 하루를 손에 넣지 못한다면 삶을 손에 넣을 수 없다.

114

1단계: 비전과 모델 그리고 인생 목표를 발전시킨다

"내가 여기서부터 어떻게 가야 할지 말해 주지 않을래?"

"그건 네가 어디로 가고 싶어 하느냐에 달려 있지"라고 고양이가 말했다.

"아, 어디로든 상관없어…" 앨리스가 말했다.

"그렇다면 네가 어떻게 가야 하는지도 상관없지!" 고양이가 말했다.

| 루이스 캐럴Lewis Carroll, 《이상한 나라의 앨리스》 |

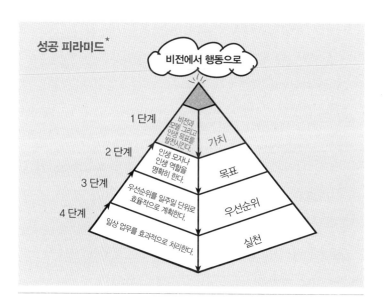

비전, 모델, 인생 목표

"위대한 인물은 위대한 꿈을 품는다."

| 니콜라우스 엥켈만Nikolaus B. Enkelmann(리더십 전문가) |

많은 사람이 직업 생활에서든 개인 생활에서든 그저 바쁘게 움직이기만 한다. 오는 것을 오게 하고 가는 것을 가게 한다. 그들은 목표를 세우지 않는다. 자신들은 미래에 영향을 미칠 수 없으리라고 생각한다. 모든 것은 운명이거나 우연일 뿐이다.

나의 첫 직장은 뒤셀도르프에 있는 대기업인 한 철강 회사의 인사부였다. 나는 이곳에서 월요일 아침이면 어느새 다시 일해야만 한다는 사실에 불평하며 금요일 오후를 간절하게 기다리는 많은 동료를 알게 되었다. 그들은 좌절감 때문에 코냑에 빠졌다가 주말이 되면 되살아났고 다음 휴가를 기다리며 살았다.

그들이 사망하거나 은퇴하지 않았다면 여전히 수동적으로 그들의 운명을 고수하고 있을 것이다.

선명한 비전과 직업적 · 개인적 모델, 인생 목표를 지닌 사람만이 자신의 인생에 의미와 방향을 부여할 수 있다.

미국 대학 졸업생의 장래에 관하여 장기간에 걸쳐 이루어진 연구는 다음과 같은 결과를 보여 주었다.

- 조사 대상의 83퍼센트는 장래 목표를 분명하게 설정하지 않았다. 그들은 평균적으로 대략 일정한 수준의 소득을 벌었다.
- 14퍼센트는 장래 목표를 분명하게 설정했지만 이를 글로 작성하지는 않았다. 그들은 평균적으로 첫 번째 그룹의 3배 정도 되는 소득을 벌었다.
- 3퍼센트는 장래 목표를 분명하게 설정하고 글로 작성했다. 그들은 평균적으로 첫 번째 그룹의 10배가량 되는 소득을 벌었다.

희망과 목표를 성취하는 데는 결정적으로 당신이 어떤 미래관이나 비전을 지녔느냐에 달려 있다.

1930년대 열두 살짜리 한 소년이 작은 로켓으로 실험을 하며 달로 날아가는 꿈을 꾸었다. 당시로서는 절대 불가능한 꿈이었지만 소년은 자신의 유토피아적 구상을 고수했다. 50년 후 그는 나사 감독관이 되어 딜로 날아가는 꿈을 실현했다. 그의 이름은 베르너 폰 브라운Werner von Braun이다.

어린 시절부터 트로이에 관해 꿈꾸어 왔던 독일의 고고학자 하인리히 슐리만Heinrich Schliemann이나 말라깽이 소년일 때부터 보디빌더로 미스터 유니버스가 되기를 꿈꾸어 왔던 아널드 슈워제네거Arnold Schwarzenegger와 같은 많은 성공한 인물들은 매우 일찍부터 언젠가 성취하고 싶은 것을 구상했다.

7. 1단계: 비전과 모델 그리고 인생 목표를 발전시킨다

당신은 세계를 깜짝 놀라게 하고픈 내적 충동을 한 번쯤 느낀 적이 있었을 것이다. 혹은 당신의 인생, 심지어는 전 세계를 개선 하겠다는 비전을 지닌 적이 있었을 것이다. 미래 비전은 우리의 인생에 의미와 방향을 부여한다. 비전이 동기를 부여하여 변화를 유발하기 때문이다.

오늘날에는 12개월 이상의 미래를 앞서 계획하는 것이 불가능하다고 생각한다. 많은 사람들에게 이런 생각은 미래 비전을 세우는 데 방해가 될 수 있다. 급속한 기술적 변화와 마주하여 세계가 몇년 후 어떻게 될지 누구도 말할 수 없다는 것이다. 하지만 이것은 비전과 관련하여 아무런 역할도 하지 않는다. 비전의 가장 우선적인 과제는 설정한 방향으로 떠나보는 데 있기 때문이다. 밟아 나갈 정확한 과정을 대강 생각해 볼 수 있다. 하지만 길을 가는 중에 이런저런 구간의 행로를 수정해야만 할 것이다. 아마도 당신은 완전히 다른 곳에 도착할지도 모른다. 이 도착지는 여행을 시작하는 때가 아니라 여행 도중에 결정된다. 이를 위해서 당신은 출발해야 한다.

공동의 비전을 나누는 것은 성공적인 협력 작업과 팀 작업을 위한 토대가 된다. 말하자면 전망은 에너지를 일깨우고 행동을 유발하고 다른 사람들을 자극한다. 당신이 굳건히 믿고 추구하는 비전은 정신적인 힘의 중심으로 작용할 것이다. 즉 비전은 거대한 정신적 에너지를 깨워 준다. 비전 덕분에 당신은 중요한 일을 시작하고 싶은 기분이 들 것이다. 하루하루의 행위를 당신의 진정한 목표에 집중할 것이다. 비전, 동기 부여, 영감은 서로 긴밀히 연계되어 있다. 이는 복잡하고 역동적인 시대에 미래를 성공적으로 설계하기 위한 기초다.

앞으로 제시되는 질문과 연습을 통해 당신의 희망이나 꿈, 비전을 파악해 보자. 당신의 인생 비전과 개인적 이상을 글로 설명해 내는 것이 매우 중요하다.

개인적 이상이나 좌우명으로 인생의 의미와 방향을 보다 상세하게 결정할 수 있다.

- 당신에게 무엇이 실제로 중요한지가 분명해질 것이다.
- 글로 남겨 놓으면 뇌에 있는 '소프트웨어'를 당신의 인생 목표를 달성하는 방향으로 프로그래밍 할 수 있다.
- 일일 계획과 주간 계획을 조직적으로 '네트워킹' 한다면 당신의 인생 비전을 업무와 개인 생활에 통합시키는 데 도움이 될 것이다.

7. 1단계: 비전과 모델 그리고 인생 목표를 발전시킨다

비전, 모델, 인생 목표로 가는 길

"당신이 배 한 척을 건조하길 원한다면 계획을 세우고, 작업을 분배하고, 공구를 쥐고,
목재를 쪼개기 위해서 사람들을 불러 모으지 마라.
대신 사람들에게 광대하고 끝없는 대양을 향한 열망을 키워 줘라.
그러면 그들은 스스로 배를 만들 것이다."

| 앙투안 드 생텍쥐페리Antoine de Saint-Exupéry |

무언가 특별한 것을 성취하기 위하여 사람들이 모여들 때 비전이
나 모델이 형성된다. 이것이 긴 여정의 첫걸음이다. 비전을 지닌다
는 것은 자기 내면의 그림을 눈앞에 두는 것과 다름없다. 그림으로
그리듯 구상할 수 있어야 달성할 수도 있다.

건축가는 집을 지을 때 완성된 집이 어떻게 보일지 정확하게 알고 있다. 조각
가는 원석에서 이미 조각품을 보고 자신의 구상을 실행에 옮기며 방해되는
돌을 끌질해 낸다. 그러면 예술 작품은 완성된다.

120

모델이나 인생 목표는 비전을 담고 있거나 선교적이기까지 해야 한다. 그래서 미국인들은 '강령'이라고 말한다. "나는 꿈이 있습니다"라는 문장으로 시작하는 마틴 루터 킹Martin Luther King의 강령 같은 연설을 기억하지 못하는 이가 있을까? 스티븐 코비는 '목표 설정'을 이렇게 말한다.

"모델(강령)을 만드는 것이 가장 중요한 작업이다. 이는 다른 모든 결정에 관계되기 때문이다." | 스티븐 코비, 《성공하는 사람들의 7가지 습관》 |

우주선 엔터프라이즈의 정신적 창시자로 숭배자들을 거느린 진 로든베리Gene Roddenberry(미국 TV 시리즈 〈스타 트렉〉의 작가. - 옮긴이)의 목표 설정은 유명하다.

우주 공간, 무한한 세계… 낯선 세계와 생명체, 새로운 문명을 찾기 위하여 지구에서 수백 광년 떨어진 곳을 여행하는 우주선 엔터프라이즈의 모험이다. 엔터프라이즈는 인간이 일찍이 가 본 적 없는 은하로 돌입할 것이다.

모델, 비전, 목표 설정이나 삶의 모토motto는 서로 떼어 놓기 어렵다. 이들은 근본적으로 같은 것에 대한 다른 단어들일 뿐이다.
개인적 모델을 계발하려 한다면 당신은 다음 질문들에 답해야 한다.

- 인생에서 무엇을 더 성취하고 싶은가?
- 나에게 무엇이 중요하며 어떤 개인적 가치를 높게 평가하는가?
- 어느 분야에 능력과 재능이 있는가?
- 인생의 마지막에 무엇을 돌아볼 것인가?

누군가 만들고 실행한 모든 것은 의식적이건 무의식적이건 이미 정신적으로 존재했던 것이다. 우발적인 일회성 생각이었건 성숙한 완성된 개념이었건 간에 인간의 뇌에 이미 존재하는 것들만이 구체적 조치들을 통해 현실에서 형성된다. 행위는 사유의 직접적인 결과다.

글로 작성된 모델은 당신의 미래 인생, 즉 당신이 기꺼이 되고 싶고, 하고 싶고, 얻고 싶은 것의 지적 토대다. 성공한 사람들은 가장 선명한 미래관을 지니고 있다.

당신이 현실에서 얻고 싶어 하는 모든 것은 일찍이 어딘가에서 정신적으로 형성된 것이다.

대부분의 분야에서 우리가 영향을 미칠 수 있는 범위는 제한되어 있다. 미래를 우선 정신적으로 계획하고 나서 현실에서 착수한다면 우리는 인생 목표를 실현할 좋은 기회를 얻게 될 것이다.

회고하며 모델 찾기

그저 자리에 가만히 앉아서 개인적 모델을 종이에 적으려 한다면 아마도 꽤 어려울 것이다. 여기에 조금 대담하고 효과적인 연습 방법이 있다. 자신의 묘비명을 써 보는 것이다.

자신의 묘비명을 써 보자

자신의 장례식에 와 있다고 상상해 보라. 조문객들 앞에서 당신의 직업적 인생과 개인적 인생에 관해 회고해야 한다. 물론 시간의 바퀴를 되돌릴 수는 없다. 그런데도 당신은 자신의 묘비명을 써야 한다.

- 묘비명 원고는 세부적으로 어떻게 보여야 하는가?
- 무엇을 긍정적으로 부각할 것인가?
- 당신의 공적, 성과 등 인생에서 무엇을 높게 평가하겠는가?
- 무엇에 관해서 가급적 침묵해야 하는가? 무엇을 돌아봐서는 안 되는가?
- 그 외에 말할 것은 무엇인가?

한번 정확히 써 보고 누가 낭독자가 되면 좋을지 생각해 보라.

이 연습이 어려운가? 아니면 어려웠는가? 그렇다면 지극히 정상이다. 누가 벌써 자신의 장례식을 생각해 보았겠는가? 그래도 시도해 보라. 그럴 만한 가치가 있다.

질문, 과제, 연습들은 당신의 개인적 모델과 인생 비전의 초안을 작성하는 데 도움이 될 것이다.

당신의 모델을 종이 위에 옮기고 나면 비로소 목적의식을 지니고 인생 비전을 실행하는 데 착수할 수 있을 것이다. 글로 쓰인 비전은 실행에 옮길 수 있도록 크게 고무해 준다.

부디 잊지 마라. 결과물이 얼마나 빠르게 나오느냐는 중요하지 않다. 내면의 심층적 성장 과정으로의 진입이 중요하다. 목표는 길이다.

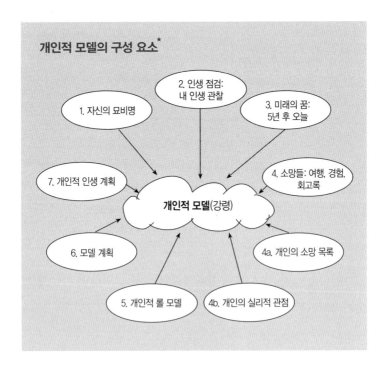

개인적 모델의 구성 요소*

1. 자신의 묘비명
2. 인생 점검: 내 인생 관찰
3. 미래의 꿈: 5년 후 오늘
4. 소망들: 여행, 경험, 회고록
4a. 개인의 소망 목록
4b. 개인의 실리적 관점
5. 개인적 롤 모델
6. 모델 계획
7. 개인적 인생 계획
개인적 모델(강령)

인생 점검: 내 인생 관찰

인생 비전을 만들기 위해서 우선 개인적 상황과 직업적 상황을 정확히 관찰해야 한다. 당신의 과거를 참조하는 것도 매우 중요하다. 미래를 과거와 분리해 설계할 수는 없다. 우리는 과거를 통해 각인된다. 우리는 종종 의식하지 못하는 가운데 특정한 가치, 희망, 인생 목표를 우리 안에 담고 있다.

어디로 가는지를 알고 싶다면 어디서 왔는지를 알아야만 한다.

개인적 인생을 조사하고 관찰하는 데 다음의 질문들을 활용하라. 당신이 이 책에 직접 쓰고 싶지 않거나 더 많은 공간이 필요하다면 다음 페이지들을 복사하라. A4 용지에 확대 복사해도 좋다.

인생 점검

1. 구체적으로 기억할 수 있는 유년 시절의 첫 번째 성과는 무엇인가?
   _____
   _____
   _____

2. 가정 교육은 어떠했는가?
   _____
   _____
   _____

3. 형제자매 중 몇째며 이는 나에게 어떤 영향을 미쳤는가?
   _____
   _____
   _____

4. a) 나와 아버지의 관계는 어떠했으며 지금은 어떠한가?
   _____
   _____
   _____

   b) 과거에 아버지의 어떤 면에 감탄했으며 현재도 그러한가?
   _____
   _____
   _____

   c) 내가 보기에 아버지는 어떤 단점이나 특별한 문제를 가졌으며 현재도 가지고 있는가?
   _____
   _____
   _____

5. a) 나와 어머니의 관계는 어떠했으며 지금은 어떤가?
_____
_____
_____

b) 과거에 어머니의 어떤 면에 감탄했으며 현재도 그러한가?
_____
_____
_____

c) 내가 보기에 어머니는 어떤 단점이나 특별한 문제를 가졌으며 현
재도 가지고 있는가?
_____
_____
_____

6. a) 부모님 중 누가 지배적이었으며 이는 나에게 어떤 영향을 미쳤는가?
_____
_____
_____

b) 그 영향 중 특히 무엇이 기억에 남는가?
_____
_____
_____

7. a) 전체적으로 내 가족은 어떠했는가? 화목했는가, 화목하지 않았는
가? 특별한 결속감이 있었는가?
_____
_____
_____

127

b) 화목했던 사례들을 적어 보라.

_____

_____

_____

c) 화목하지 못했던 사례들을 적어 보라.

_____

_____

_____

8. a) 고향과 고향 인근 지역은 인생에 어떤 영향을 끼쳤는가?

_____

_____

b) 고향에서 무엇을 사랑했으며 무엇을 싫어했는가?

_____

_____

_____

c) 고향을 떠난 이유는 무엇인가?

_____

_____

_____

9. a) 나는 어떤 신앙 교육을 받았는가? 오늘날 나에게 신앙은 무엇을 의미하는가?

_____

_____

_____

b) 신앙과 종교에 관련된 어떤 특별한 기억들이 나에게 지속적인 영향을 주었는가?

_____
_____
_____

10. 어떤 문화적 요소들이 지금까지 인생에서 주요한 역할을 했는가? 음악과 예술에 대한 나의 관심은 어느 정도인가?

_____
_____
_____

11. a) 경제, 정치, 문화, 스포츠 등의 영역에서 어떤 인물들을 특별히 높이 평가하며 그렇게 평가하는 이유는 무엇인가(예컨대 그들의 실적이나 삶의 방식 때문인가 아니면 다른 가치 때문인가?)

_____
_____
_____

b) 이 인물들은 나의 발전과 결정에 어떤 영향을 미쳤거나 미치고 있는가?

_____
_____
_____

12. '그가 나라면 어떤 결정을 내릴 것인가' 하고 묻게 되는 '정신적 멘토'나 내면의 지도자가 있는가?

_____
_____
_____

7. 1단계: 비전과 모델 그리고 인생 목표를 발전시킨다

13. a) 어떤 사람들(친구, 동업자, 직장 동료, 서클이나 동호회 멤버 등)과의 모임이 가장 편안하고 자연스럽게 느껴지는가? 그 모임은 나의 개인적 삶과 직업적 삶에 어떤 영향을 미치는가?

_____

_____

_____

    b) 어떤 사람들과 모임이 불편하고 부자연스럽게 느껴졌으며 그 모임은 나의 개인적 삶과 직업적 삶에 어떤 영향을 미치는가?

_____

_____

_____

14. 언제 그리고 어떤 과제에 도전할 때 기분이 좋았고 인정받았다고 아주 강하게 느꼈는가? 그것을 통해서 무엇을 얻었는가?

_____

_____

_____

15. 어떤 특별한 지식(학문 영역)과 재능(실천과 관계되는 활동), 능력(기술)을 활용할 수 있는가? 이는 나의 개인적 삶과 직업적 삶에 어떤 영향을 미치는가?

지식, 재능, 능력을 모두 열거하고 평가하라.

평가 항목(++ = 매우 좋음, + = 좋음, +/- = 보통)에 표시하라.

	++	+	+/-
a			
b			
c			
d			
e			
f			
g			

h				
i				
j				
k				
l				
m				
n				
o				
p				
q				
r				
s				
t				
u				
v				
w				
x				
y				
z				

16. 지금까지 나의 가장 큰 성과는 무엇인가? 그것을 통해서 나는 무엇을 얻었는가?

_____

_____

_____

17. 언제 그리고 어떤 과제에 도전할 때 어렵고 능력이 '부족하다'고 느끼는가? 그로 인해 나는 어떤 실패를 했는가?

_____

_____

_____

7. 1단계: 비전과 모델 그리고 인생 목표를 발전시킨다

18. 현재 직업 영역에서 가장 큰 문제(능력 부족, 교육 부족, 과도한 업무 부담, 경쟁 등)는 무엇이며 이에 대해 나는 무엇을 할 수 있는가?

_____

_____

_____

19. 현재 개인적 영역에서 가장 큰 문제는 무엇이며 이에 대해 나는 무엇을 할 수 있는가?

_____

_____

_____

a) 결혼과 배우자 문제:

_____

_____

_____

b) 자녀 문제:

_____

_____

_____

c) 부모님, 친척, 친구들 문제:

_____

_____

_____

20. 세 가지 소원을 이룰 수 있다면 나는 다음과 같은 것을 원하겠다.

a) _____

b) _____

c) _____

몇 가지 사실이 선명해지지 않았는가? 여태까지 어떠한 가치, 모범, 영향력이 당신을 각인시켜 왔는가? 지금 당신의 인생에서 마음에 드는 것은 무엇인가? 무조건 변화시키고 싶은 것은 무엇인가? 당신은 자신의 인생 비전에 한 걸음 더 가까이 다가갔는가?

단순히 자신의 미래에 와 있다고 상상해 보기만 해도 당신에게 도움이 될 것이다.

꿈꾸는 미래를 시각화하라

미래의 꿈을 위하여 지금 큰 종이 한 장(크면 클수록 좋다)과 색연필, 10분간의 휴식이 필요하다. 원한다면 잔잔한 음악을 틀어 놓아도 좋다.

내 삶의 미래

긴장을 풀고 기대어 눈을 감고 상상해 보라. 당신을 미래로 '투사'하는 것이다. 당신은 오늘부터 계산해서 정확히 5년 후 미래에 도달한다. 다음의 날짜 항목에 미래의 며칠을 기입할 것인가?

5년 후:

_____ (정확한 날짜!)

'5년 후 오늘' 모든 것이 변화했는가?

- 당신은 어떤 직업에 종사하고 있는가? 작업 환경은 어떠한가? 당신은 생활비를 어떻게 얻고 있는가? 당신은 직업상 어떤 실적을 올려야 하는가? 질적으로 어떤 기준을 충족시켜야 하거나 충족시키고 싶은가? 어떤 도전을 완수해야 할 것인가? 이 상황에서 당신이 새롭게 얻은 기량은 무엇인가?

- 당신의 가족 관계는 어떻게 되는가? 당신의 사적 관계는 어때 보이는가? 어떤 사람들이 당신에게 중요해졌는가? 이제는 당신의 편이 아닌 사람은 누구인가?

- 당신은 어떤 새로운 경험을 했는가? 어떤 지식을 새롭게 얻었는가? 예컨대 외국어, 스포츠, 취미 등을 습득했는가?

- 당신의 우선순위에서 중요한 것은 무엇인가? 당신에게는 어떤 인생 모토가 유효한가? 당신은 5년 이내에 개인적 모델, 인생 목표 또는 인생 비전을 가지게 되는가?

당신의 꿈과 미래 구상을 시각화하라. 그저 색연필을 쥐고 종이 위에 그려라. '할 수 없어!'라고 생각하지 마라. 당신이 자신을 제약하는 것이다. 종이를 네 칸으로 나누고 칸마다 네 가지 인생 영역에 대한 작은 시나리오를 그려 보라. 피카소를 넘어설 정도로 잘 그릴 필요는 없다. 그냥 그

려서 시각화해 보라. 당신의 잠재의식을 그림으로 사유해 보는 것이다! 그림을 그린 후에는 우뇌를 활성화하고 내면에 숨겨진 희망과 욕구, 목표로 향하는 경로를 추론하라.

직업 일 성과	가족 관계 개인적 관계
학습 지식 경험	인생의 우선순위 인생 모토

당신은 자신의 내면에서만 당신의 비전을 발견할 수 있다.

당신의 비전이 조화를 이루어야 한다. 즉, 비전을 이루는 하나하나의 초석들이 전체로서 조화롭게 어우러져야 한다. 그래야 비전은 인생 목표 실현을 위한 추동력으로 쓰일 수 있다.

천상으로 가는 열쇠

전능하게도 신은 세계를 직접 창조했다. 지루해서 유희거리가 필요했기 때문

이다. 신이 창조한 최초의 존재들은 지상에 오래 남아 있지 않았다. 그들에게는 천상이 더 마음에 들었기 때문이다. 이는 신의 뜻이 전혀 아니었다. 신은 천상을 닫아걸고 그 열쇠를 숨겨 놓아야겠다고 결심했다. 그런데 어디에 숨길 것인가? 산 중에서 가장 높은 곳에 숨겨야 할까? 바닷속 가장 깊은 곳이 좋을까? 아니면 달이 나을까? 미래를 본 신은 이 모든 곳을 인간이 탐구하게 될 것을 알았다. 그리고 인간이 찾을 수 없는 장소를 확실하게 알게 되었다. 인간들은 내적 존재를 탐구하기 위해 자신의 내면으로 향하는 가까운 길을 가기 보다는 우주의 구석구석을 탐험하기 위해 아주 먼 고된 길을 기꺼이 택할 것이다. 그 후부터 신은 만족과 성공, 진정한 행복을 쉬지 않고 찾아다니는 인간을 관찰하면서 천상의 즐거움을 느꼈다. | 인도 설화 |

한번 정직해져 보자. 당신의 소망, 꿈, 목표가 비물질적인 것만은 아니다. 그것들은 물질적이기도 하다. 누구도 이를 기꺼이 인정하려 하지 않는다. 우리는 부유해질 것인가 아니면 건강할 것인가, 직업에서 성공할 것인가 아니면 개인적 생활에서 행복해질 것인가를 선택해야 한다고 내면에서부터 깊이 믿고 있기 때문이다. 이는 옳지 않은 믿음이다. 인간은 둘 다 가질 수 있다. 물질적인 것을 원한다고 해서 비난받을 일도 아니다. 오히려 당연한 바람이다.

나이가 들수록 물질적인 것은 덜 중요해진다. 인간관계와 같은 비물질적 가치들이 갈수록 더 중심에 놓이게 된다. 심리분석가이자 철학자인 에리히 프롬Erich Fromm은 이미 1976년에 '소유에서 존재로'의 가치 변화를 《소유냐 존재냐》에서 명확히 밝혔다. 그는 인간이 설정하는 삶의 두 가지 방향을 구별했다. 말하자면 소유로 가는 방향과 존재로 가는 방향이다. 에리히 프롬은 이렇게 썼다.

우리가 소유로부터 풀려나서 존재를 우리 사유와 행위의 중심으로 만들고 나서야 의미 있는 삶이 가능할 것이다.

이성과 사랑, 창조적 활동은 우리를 진실한 삶의 예술로 인도한다. 우리는 또한 변화하기 위해 용기 내어 소유를 떨쳐내야 한다. 그래야 우리는 궁극적으로 "나는 나"라고 말할 수 있다.

스티븐 코비는 《소중한 것을 먼저 하라》에서 인생에서 중요한 네 가지 욕구 '4L'에 관해 말한다. 그것은 '살고to Live, 사랑하고to Love, 배우고to Learn, 유산을 남기는 것to Leave a Legacy'이다. 충만한 인생을 위해서는 네 가지 욕구 하나하나가 중요하다. 이 중 한 가지라도 충족되지 못한다면 인생의 균형은 무너지고 삶의 질은 떨어진다.

소유, 작용, 존재. 이 세 가지가 우리 인생의 격언이 되어야 한다. 이 소망 3부작은 충만한 인생의 베이스가 된다. 소망 3부작은 또한 점점 더 빠르게 돌아가고 있는 복잡한 세계에서 끊임없이 발생하는 직업적·개인적 변화 과정에서 우리가 중심을 잡기 위해 내릴 수 있는 닻이 된다. 이렇게 해서 당신은 당신의 진정한 가치와 욕구를 거듭 찾아가게 된다.

소망 1: 당신이 '소유'하고 싶은 것은 무엇인가

"욕망은 능력의 징후다."

| 요한 볼프강 폰 괴테Johann Wolfgang von Goethe |

우리는 모두 완전히 채우지 못한 열망과 욕망을 숨기고 있다. 당신이 소유하고 싶은 것을 열거해 보면 확실히 알기 쉽다. 돈이나 스포츠카, 해변의 저택 같은 것들 말이다. 당신은 무엇을 하고 싶은지도 확실히 알고 있다. 여행을 가거나 글라이더 자격증을 따고 싶지 않은가? 요리 강좌에 등록하고 싶지는 않은가?

138

욕망 없이도 행복한가? 유감스럽지만 그것은 허구다. 한 번쯤 TV 복권 방송에서처럼 만약에 복권에 당첨된다면 무엇을 하고 싶은지 말하는 게임을 해 보자. 오래전부터 한번 가 보고 싶었던 곳으로 세계 여행은 어떤가? 다음에서 당신은 여행 경로, 교통수단, 사랑하는 이를 위한 선물을 결정할 수 있다. 집에 앉아서 말이다. 자, 망설이지 말고 당신이 원하는 목표를 정하라. 즐겁게 해 보라!

꿈같은 세계 여행

당신이 세계 여행을 떠난다고 상상해 보라. 여기서 시간, 돈, 여행 경로는 중요한 역할을 하게 된다!

■ 세계 여행 중 무조건 세 곳을 거쳐 가야 한다. 중간 기착지 세 곳을 어디로 정할 것인가?

a) _____

b) _____

c) _____

■ 세 가지 교통수단을 이용할 수 있다면 무엇을 선택할 것인가?

a) _____

b) _____

c) _____

■ 세 장소에서 기념품 세 개를 가져올 수 있다. 무엇을 고를 것인가? 여행 가방은 신경 쓰지 마라. 가방에 선물이 들어갈지 안 들어갈지는 전혀 중요하지 않다.

a) _____

b) _____

c) _____

어디로 꿈의 여행을 갔는가? 무언가 대단히 아름다운 것을 원할 용기가 있었는가? 남태평양에 가서 삶의 기쁨을 홀가분하게 만끽했는가? 아니면 개 썰매로 알래스카를 횡단했는가?

꿈의 여행을 하는 중에 무슨 생각을 했는가? 여행 가방을 실제로 싸 보는 것은 어떤가? 당신에게는 물질적인 것이건 비물질적인 것이건 원하는 다른 것이 남아 있는가?

소망 2: 당신이 기꺼이 '하고 싶은' 또는 '달성하고 싶은' 일

**"우리가 하는 행동으로 무엇을 얻느냐는 중요하지 않다.
중요한 것은 우리가 행동하여 어떤 사람이 되느냐다."**

| 볼프강 베르거Wolfgang Berger (《비지니스 리포밍Business Reforming》의 저자) |

세계 여행에서 무사히 귀환했는가? 그렇다면 이제 질문에 답할 차례이다. 당신은 인생에서 무슨 일을 하고 싶은가? 무엇을 달성하기를 원하는가? 그것은 타인들에게 어떤 가치가 있는 것인가?

당신의 소망이 무엇인지 분명히 알아야 한다. 그뿐만 아니라 당신이 하고 싶은 일이 무엇이고 그로써 어떤 이득이 생기는지도 알아야 한다.

141

자신을 위해 갖고 싶고 하고 싶은 것 외에도 좀 더 높은 수준의 일들이 있다. 독일에서 작업 방식과 계획 방법의 정신적 지도자이자 시간과 자기 관리 분야의 선구자인 구스타프 그로스만^{Gustav} ^{Großmann}은 1920년대부터 이미 이 문제를 사회적 차원에서 다루었다. 그는 이를 타인을 위한 효용 제공의 차원이라고 명명했다. 구스타프 그로스만의 인식은 어느 때보다도 오늘날 더 시의적절하다. 우리는 전 지구적으로 서로에게 의존하는 경험을 하고 있다. 오늘날 인간은 서로서로 지원하면서 한 번 정도는 자신의 이익을 뒷전에 둘 준비가 되어 있음을 인상적으로 보여 준다.

당신은 무언가 의미 있는 일을 하고 싶지는 않은가? 세계를 좀 더 나은 곳으로 만들기 위해서 이바지하고 싶지는 않은가? 당신 자신을 위해서, 타인을 위해서, 사회를 위해서 또는 인류를 위해서 온전히 개인적으로 이바지해 보고 싶지는 않은가? 만약 그렇다면 한번 자문해 보라. "나는 무엇을 위해 여기 있는가?"

나는 무엇을 위해 여기 있는가?

잘 생각해 보고 다음 질문들에 답하라.

1. 간혹 몽상할 때 무엇을 가장 즐겨 떠올리는가?

_____

_____

_____

2. 무엇을 해도 성공한다고 가정한다면 어떤 일을 가장 하고 싶은가?

_____

_____

_____

3. 시간과 돈에 구애받지 않는다면 무엇을 가장 하고 싶은가?

_____

_____

_____

4. 나의 직업적 생활 중 어떤 활동이 타인들에게 가장 큰 효용이 될 것인가?

_____

_____

_____

5. 나의 개인적 생활 중 어떤 활동이 타인들에게 가장 큰 도움이 될 것인가?

_____

_____

_____

소망 3: 당신이 꼭 '되고' 싶은 롤 모델

당신에게는 롤 모델이 있는가? 당신을 놀라게 하는, 당신이 기꺼이 그렇게 되고자 열망하는 인물이 있는가?

143

아마도 롤 모델이라 할 만한 인물이 곧바로 떠오르지는 않을 것이다. 좀 더 생각해 보라. 당신의 행위, 가치 또는 생활 양식을 각인해 온 많은 사람이 있었음을 깨닫게 될 것이다.

당신의 롤 모델

당신의 인생에 의식적이든 무의식적이든 긍정적 영향을 미친 사람들을 잘 생각해 보라. 어머니인가? 아버지인가? 상사인가? 직장 동료인가? 친구인가? 노벨상 수상자나 전도유망한 사업가 혹은 정상에 선 운동선수 같은 공인들도 당신의 모범이 될 수 있다.

1. 누가 당신의 삶에 특히 긍정적 영향을 미쳤는가?

_____

_____

_____

2. 그 사람의 어떤 특성이나 재능 또는 능력이 당신을 놀라게 했는가?

_____

_____

_____

3. 당신은 그 사람의 어떤 특성을 받아들였는가? 어떤 특성을 부러워하
는가?

_____

_____

_____

4. 타인의 삶을 조금이라도 좋게 만들고자 한다면 이 사람(들)의 어떤 점
을 본받고 싶은가?

_____

_____

_____

비전을 계발하라

> "비전은 행위의 전략이다. 행위는 비전을 유토피아와 구별해 준다.
> 비전을 실현하기 위한 용기와 힘, 준비는 비전의 일부이다."
>
> | 로만 헤르초크Roman Herzog(전 독일 대통령) |

무엇을 원하는지 그리고 인생에서 무엇이 중요한지 사람들에
게 묻는다면 흔히 성공, 건강, 사랑, 행복 혹은 장수長壽와 같은 답
변을 듣게 될 것이다. 이들은 확실히 추구할 만한 목표다. 여기에
구체적인 내용을 채워야 공허한 모토가 되지 않는다.

이제 우리들의 소망, 꿈, 목표는 허구가 아니다. 개인적인 인생

비전을 계발해야 한다. 비전은 정신적 힘의 중심이며 의욕을 일깨우는 방향타이기 때문이다. 비전은 자신의 인생 경로를 찾아가도록 우리를 인도하는 내부의 목소리가 되어 준다.

일상에서 비전은 지향점이 된다. 비전은 마치 어둠 속에서 빛나는 별처럼 방향을 제시하여 힘든 상황에서도 자신의 길을 갈 수 있게 우리를 고무해 줄 것이다.

인생 비전은 계발하기 어렵다. 당연히 글로 정리하기도 어렵다. 이 어려운 과제를 다음 질문들이 조금은 쉽게 만들어 줄 것이다.

이상과 비전을 위한 7가지 질문

1. 나는 대개 타인들의 어떤 점에 경탄하는가?

_____

_____

_____

2. 내 주변의 누가 행복한가? 그 사람은 왜 행복한가?

_____

_____

_____

3. 항상 원해 왔던 무언가를 할 수 있다면, 꼭 하고 싶은 일은 무엇인가?

_____

_____

_____

4. 왜 하고 싶은가?

_____

_____

_____

5. 언제가 인생에서 가장 행복하고 성공적이며 충실한 순간이었는가?

_____

_____

_____

6. 타인들을 위한 일 중 가장 잘하는 것은 무엇인가?

_____

_____

_____

7. 1단계: 비전과 모델 그리고 인생 목표를 발전시킨다

7. 인생에서 무조건 더 해야 할 일은 무엇인가?

_____

_____

_____

인생 모델, 비전 또는 목표를 대략 구상했는가? 그렇다면 이제 당신의 첫 인생 시나리오를 작성하는 데 착수해야 한다. 이때 다음 세 가지를 염두에 두자.

- 당신의 이상을 현실적으로 기술하라. 당신이 원하던 것을 이루었을 때 미래가 어떻게 될지 구체적으로 쓰라는 말이다. 가정법은 사용하지 마라. 가정법은 당신이 조금 시도해 본다면 때에 따라서 이렇게 될 수도 있다는 정도만 말해 준다. 당신의 잠재의식은 가상적 전제가 아니라 선명한 이미지로 단순하게 즉각적으로 생각한다. 구상을 추상적 우발성에 맞추면 자신의 사유와 행위 전체를 결코 이루어질 수 없는 가능성에 따라 기획하는 것이다. 실제로는 결코 그렇게 될 수 없다.
- 백지 한 장을 앞에 두고 앉아 있지만 어떻게 시작해야 할지 모르겠다면 다음의 두 단어로 시작해서 써 내려가도록 하라. "나는 …이다."

148

■ 단순하게 시작하라. 이 요구는 이중의 메시지를 담고 있다. '단순하게 시작하라'는 박사 논문을 쓰지 말고 KISS 원칙에 따라서, 즉 '단순 명료하게Keep It Sweet and Simple' 써 나아가라는 것이다. 그것은 또한 즉각 착수하라는 메시지이기도 하다.

그래도 여전히 인생 시나리오의 출발점을 찾기가 어려운가? 그렇다면 '5분 글 쓰기'를 추천한다. 아주 효과적인 방법이다.

5분 글 쓰기

바로 앉아서 글을 쓰기 시작하되 5분 동안 펜을 한 번도 멈추지 마라! 더 이상 종이에 쓸 말이 없어도 펜을 놓지 마라. 당신에게 무언가 다시 떠오를 때까지 글쓰기 자세를 유지하라. 이미 쓴 것에 대해서는 생각하지 마라. 쓰고, 쓰고 또 써라!

5분 글 쓰기가 익숙지 않겠지만 놀라운 결과를 얻을 수 있다.

물론 인생 모델, 비전 또는 목표의 모범 답안은 없다. 우리는 모두 서로 다르다. 모두 자신의 인생과 결정의 근간을 점검해야 한다. 그런데도 한 번쯤 타인의 비전에 시선을 둔다면 자신의 의미를 발견하는 데 도움이 될 것이다.

7. 1단계: 비전과 모델 그리고 인생 목표를 발전시킨다

사례 1: 배송업자의 개인적 인생 비전

나는 생각, 감정, 소망을 지닌 인간이다. 나의 '강하기도 하고 약하기도 한' 성격적 특성들이 내게 인생 목표를 부여해 준다.

가족 영역에서는 아이들에게 모범이 되는 게 중요하다. 그리고 가혹하지만 그래도 살 만한 가치가 있는 이 사회에서 아이들에게 올바른 길을 사랑으로 보여 주는 것도 중요하다. 인생에서 내게 닥치는 피할 수 없는 오르막과 내리막을 함께 극복해 나아간다. 나의 목표는 아이들에게 양질의 교육을 제공하는 것이다.

나는 언제나 아내 편이다. 나는 누가 알려 주기 전에 아내의 소망과 욕구에 공감하고 부응하기 위해 노력한다.

행복한 개인적 생활은 나의 직업적 활동에도 긍정적으로 작용한다. 나는 열정적으로 일하며 이 열정을 직원들에게 전달하려 노력한다. 그렇게 해서 우리는 성공적으로 일한다. 성공해서 모두가 만족한다. 나는 인정받고 칭찬받아 만족감을 얻는다. 만족감은 꼭 필요하다. 다른 혁신과 활동으로 향하도록 나를 자극하기 때문이다.

개인적으로 행복하고 직장에서도 성공해 모든 게 수월해진다. 직업적 목표나 개인적 목표는 절로 달성된다.

> "추구하고, 열망하고, 실현하고자 하는 비전이 인생에 없다면
> 노력해야 할 동기 역시 존재하지 않는다."
>
> | 에리히 프롬 |

사례 2: 경영 컨설턴트의 개인적 인생 비전

나는 아내와 사랑과 신뢰, 상호 존중을 바탕으로 만든 행복한 관계를 유

지한다. 우리 아이들은 부모를 보호자이자 조력자 또는 친구로 느낀다. 나는 아내와 함께 경영 컨설턴트로 일하고 있다. 우리는 역할을 확실하게 분담한다. 내가 고객의 영업 컨설팅을 맡고 아내는 직원 관리 및 동기 부여와 관련된 세미나를 담당한다.

고객들은 우리에게 기꺼이 다가온다. 우리를 신뢰하며 우리가 능력 있다고 생각하기 때문이다.

우리는 진실한 관계에 관심을 가지며 피상적인 교제를 원하지 않는 소규모 그룹의 친구들과 정기적으로 만난다. 이런 직업적 공통성과 개인적 공통성의 상호작용을 통해 나는 조화롭고 독립적인 인생을 영위한다.

두 인생 비전을 주의 깊게 읽었는가? 그렇다면 비물질적 가치가 얼마나 중요한지 분명히 알게 되었을 것이다. 흥미로운 변화다. 처음 비전 발견을 시작할 때에는 대개 물질적인 것들이 지배적이

7. 1단계: 비전과 모델 그리고 인생 목표를 발전시킨다

기 때문이다. 하지만 아무리 늦어도 인생의 모델을 기록할 때에는 비물질적인 것들이 중심에 놓인다. 모델과 비전은 의미를 매개해야 하기 때문이다.

이제 최초의 인생 비전을 작성한 글이 눈앞에 놓여 있다면, 당신의 비전을 장기적 인생 계획에 통합하는 일을 당장 시작하라.

개인적 인생 계획

"일이 전혀 즐겁지 않은데도 새벽 다섯 시에 일어나서 저녁 일곱 시에 귀가하는 것이 인생에 의미가 있는지 의문이다."

| 호르스트 타페르트Horst Tappert(TV 드라마 〈형사반장 데릭〉으로 인기를 얻은 영화배우) |

아무리 아름다운 비전도 실행에 옮기지 않는다면 의미가 없다. 자신의 꿈, 소망, 목표를 현실화하려면 당연히 인생을 설계해야 한다. 물론 세세한 부분들까지 길게 계획할 필요는 없다. 누구도 그

렇게 하지 않는다. 한 10년 정도를 위한 대강의 인생 계획을 세운다면 비전을 실현하는 데 확실히 도움이 될 것이다.

수도원의 문

한 젊은이가 수도원에 손님으로 방문했다. 밤늦게까지 그는 한 수도사와 자신의 미래에 관해 이야기하며 도움을 청했다. 대화가 끝난 후 두 사람은 수도사들의 독방으로 향하는 문들이 나 있는 길고 어두운 복도를 걸었다.

수도사는 오른손으로 복도 방향을 가리키며 말했다. "자네의 인생은 많은 문이 나 있는 이 긴 복도와 같네. 자네는 단지 하나의 문으로만 들어갈 수 있어. 어떤 문을 선택할지 생각해 보게나, 내 젊은 친구여."

속도! 속도!

옛날에 한 꼬마가 있었다. 그 아이에게는 모든 것이 너무 느렸다. 아이는 수프를 먹고 있으면서 벌써 푸딩을 달라고 했다. 해가 아직 지지 않았는데도 아이는 달을 보고 싶어 했다. 등교 첫날에 방학에 관해 질문했고 크리스마스에 부활절을 떠올리며 즐거워했다.

아이는 언제나 책의 마지막 페이지만을 읽었다. 자신이 생각하는 속도보다 더 빠르게 말했기 때문에 부모는 아이가 말더듬이라고 여겼다. 성급함 때문에 양발을 요령 없이 나란히 내딛다가 넘어지곤 했다. 당연히 아이는 빨리 어른이 되고 싶어 했다. 어느 날 밤 꿈에서 한 마법사가 아이를 찾아와 말했다. "나에게 인생 50년을 준다면 너를 어른으로 만들어 주마. 거기에다 소원 세 가지도 들어주겠다."

아이는 조금도 망설이지 않고 말했다. "부자가 되고 싶어요. 권력을 갖고 싶어요. 유명해지고 싶어요." 소원은 모두 이루어졌다.

부자가 된 남자가 거울을 보자 그는 늙어 있었다.

그리고 그 권력자가 거울을 보자 그는 외로웠다.

154

그리고 그 유명인이 거울을 보자 그의 이마는 근심으로 주름져 있었다.

그는 깜짝 놀라서 어머니를 마구 불렀다. 어머니가 침대로 다가와 그의 이마에 손을 얹었다. 그리고 아이는 깨어나서 천천히 분명하게 말했다.

"저 지금 일어나야 해요? 아니면 좀 더 자도 되나요?"[*]

_____ 세까지 나의 인생 계획(대략 10년간)

1. 나는 정해진 나이, 대략 ___세에 무엇을 성취할 것인가?

_____

_____

_____

2. 나는 어떤 소원을 이루고 싶은가?

a) 소득, 재산, 복지와 관련하여

_____

b) 인정, 자기실현과 관련하여

_____

c) 경험, 체험과 관련하여

_____

d) 가족, 취미, 개인적인 것과 관련하여

_____

---

[*] Hans Stempel und Martin Ripkens, aus: Klaus Lindner (Hrsg): Der Lesefuchs, Stuttgart: Klett, 1990

7. 1단계: 비전과 모델 그리고 인생 목표를 발전시킨다

3. 나는 어떤 이미지를 갖고 싶은가?

　a) 이 시간 동안

　_____

　b) 이 시간이 지난 후

　_____

　c) 유명인들과 비교했을 때

　_____

　d) 내가 언젠가 사라진다면 사람들은 나에 관해 어떻게 말할 것인가?

　_____

4. 목표와 소원을 실현하기 위해 나는 어떤 업적을 올려야만 하는가?

_____

_____

_____

5. 나의 업적은 타인들에게 어떤 효용을 주는가?

_____

_____

_____

6. 이를 통해 나는 어떤 의미를 얻는가?

　a) 나 개인적으로

　_____

　b) 나의 고용주 또는 기업주에게

　_____

c) 나의 동료들에게

_____

d) 나의 고객에게

_____

7. 위에 기술한 것들은 내 인생에 어떤 영향을 미칠 것인가?

a) 7년 후

_____

b) 10년 후

_____

c) 30년 후

_____

인생 비전을 실행할 때 에너지를 낭비하지 마라. 정말 중요한 일에 집중할 필요가 있다. 당신의 인생 비전을 실현하려면 불필요한 바닥짐을 던져 버려야 한다. 다음 장의 인생 모자와 인생 역할이 그렇게 하는 데 도움을 줄 것이다.

7. 1단계: 비전과 모델 그리고 인생 목표를 발전시킨다

2단계: 인생 모자나 인생 역할을
명확히 한다

"미래를 예측하는 가장 좋은 방법은 미래를 직접 창조하는 것이다."

| 앨런 케이|Alan Kay(미국 컴퓨터 공학자) |

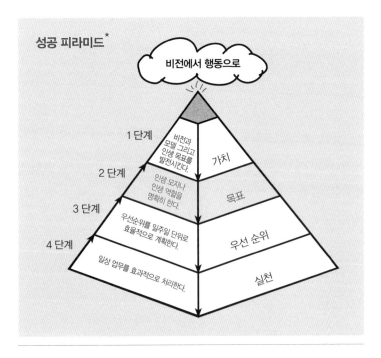

성공 피라미드[*]

비전에서 행동으로

1 단계   비전과 모델 그리고 인생 목표를 발전시킨다.   가치

2 단계   인생 모자나 인생 역할을 명확히 한다.   목표

3 단계   우선순위를 일주일 단위로 효율적으로 계획한다.   우선 순위

4 단계   일상 업무를 효과적으로 처리한다.   실천

[*] © Prof. Dr. Lothar Seiwert, D-67435 Neustadt/Weinstraße, www.Lothar-Seiwert.de

인생 모자란 무엇인가?

평생 당신이 얼마나 다양한 역할을 하는지 한번 생각해 본 적이 있는가? 머리에 모자를 쓰듯이 역할을 머리에 쓴다고 상상해 보라. 어떤가? 당신의 모자를 좋아할 수 있겠는가? 좀 더 자세한 역할에 관한 개념은 스티븐 코비의《성공하는 사람들의 7가지 습관》을 참조하라.

- 당신은 직업 활동을 하며 여러 개의 모자를 동시에 쓴다. 예컨대 영업 사원, 회사 간부, 전략 기획자, 직원, 자문 위원, 프로젝트팀의 일원으로서 모자를 쓰게 된다.
- 마찬가지로 개인적 생활에서도 당신은 여러 개의 모자를 쓴다. 아버지/어머니, 남편/아내(배우자), 남자 친구/여자 친구, 동호회 회원, 취미 요리사, 주택 임대업자, 이웃이나 과외 교사로서 모자를 쓰는 것이다.

귄터 게를라흐는 자신의 시간 계획서를 일관되게 지켜 왔지만 항상 과부하가 걸리며 쫓긴다고 느낀다. 그가 쓰고 있는 모자를 살펴보면 다음 그림과 같다.

159

직업적으로 그는 자동차 타이어를 생산하는 대기업의 지역 영업 판매소장으로 활동한다. 그는 간부(지점장 다섯 명을 관리한다)이고 '국제 표준화 기구 인증' 사업 책임자이다. 종합적 품질 경영을 위한 감사이며(어느 회의에서 경영진의 낙점을 받았다) 지역 상공 회의소의 직업 훈련 교사 적성 검사 위원회 위원(누군가 해야 하는 일)이며 지역 마케팅 클럽의 이사(새 계약을 따내기 위해 중요)이기도 하다. 게다가 권터 게를라흐는 차기 직장 평의회 선거에 관리직 사무원 노조의 후보로 참여했다.

개인적 삶에서 권터 게를라흐는 남편이자 두 딸의 자부심 넘치는 아버지이며 학부형 위원회의 부의장이기도 하다. 게다가 그는 향우회의 회계 담당이다. 상대적으로 드문 일이지만 시간이 나면 골프장에 가서 핸디를 낮추려고 노력한다. 지난번의 가족 소유 부동산의 소유자 총회에서 게를라흐는 자문 위원으로 선출되었다. 몇몇 공동 소유자들이 수차례에 걸쳐 그를 설득하는 데 성공한 것이다. 자유당의 지역 위원장은 게를라흐에게 차기 지방 선거에 자유당 후보로서 참여해 달라고 여전히 종용하는 중이다.

게를라흐의 삶이 어떻게 보이는가? 분명 결정적인 무언가가 눈에 띌 것이다. 많은 사람이 시간 문제로 어려움을 겪으면서 과도하게 삶을 몰아간다. 너무 많은 일을 한꺼번에 하기 때문이다. 몸은 하나니 두 결혼식에 참석할 수 없는 법이다.

인생에서 실제 우리가 겪는 시간 문제는 너무 많은 모자를 쓰거나 너무 많은 역할을 동시에 하려는 데서 생겨난다.

이렇게 해서 직업적 생활과 개인적 생활은 균형을 이루지 못한다. 많은 이들이 직업 활동에 과도하게 사로잡혀 건강, 가족, 개인적 관계, 문화적 관심, 취미를 도외시한다.

"임종을 맞아 더 많이 일할 수 있었으면 좋았을 것이라고 누가 후회하겠는가?"

| 스티븐 코비 |

앞서 언급한 바와 같이 우리 사회는 가치 변화를 지속적으로 경험하고 있다. 예전에 시간 관리는 작업 시간을 적절히 배분하고 효율화하여 적은 시간에 더 많은 일을 해내게 하는 것이었다. 오늘날 시간 관리는 시간의 질을 향상하는 수단으로 활용된다. 우리 자

8. 2단계: 인생 모자나 인생 역할을 명확히 한다

신을 위해, 가족을 위해, 취미를 위해, 창조성을 위해, 자유 시간을 위해 혹은 아무것도 하지 않기 위해 좀 더 많은 시간을 가지게 해 주는 수단인 것이다.

자신의 인생 모자를 정의하기

권터 게를라흐처럼 우리는 동시에 여러 개의 모자를 머리에 쓴 채 여러 가지 역할을 맡고 있다. 연극이 아니라 직업, 가정, 사회에서 아주 구체적인 역할을 맡은 것이다. 이 역할 중에는 우리가 자의로 선택한 것들도 있지만 타의에 의해 부과된 것들도 있다. 이 중 몇 가지 역할은 무조건 수행해야만 한다.

　이 모든 역할을 실제로 잘 해낼 수 있을까? 시간의 질을 높이기 위해서는 활동을 특정 분야로 축소하고 이런저런 역할들을 의식 적으로 내려놓아야 한다. 여기서 핵심 기술은 본질적인 것으로 제 한하는 데 있다. 여기서는 더 적은 것이 더 많은 것이다!

　인생에서 정말 중요한 일을 하기 위한 시간을 충분히 마련하려 면 (부차적) 역할들은 과감히 줄여야 한다. 쉽지는 않겠지만 대안이 없다. 모든 일에 신경 쓸 수는 없다. 모든 일에 참견해서도 안 된다. 시간이 많지 않다면 특히 그러하다.

인생 모자와 역할

1. 당신이 얼마나 많은 인생 모자를 쓰고 있는지 그리고 얼마나 많은 역할을 실제로 수행하고 있는지 생각해 보라. 당신의 핵심 모자와 역할은 무엇인가? 이와 관련하여 다음을 생각해 보라.

   - 누가 나에게 종속되어 있는가?
   - 나는 누구에게 종속되어 있는가?

   모든 인생 모자와 역할을 아래의 박스들에 써넣어라. 하나의 박스에 하나의 역할을 써넣는 것이다.

2. 당신의 모자와 역할을 그와 일치하는 스마일 아이콘으로 평가해 보라. 어떤 느낌으로 당신은 모자들과 연결되어 있는가?

   - 편안한 느낌 = ☺
   - 별 상관없는 느낌 = ☹
   - 불편한 느낌 = ☹

   여기서 불편하고 중요하지 않은 역할들에 특히 주목하라. 이 역할들은 시간을 잡아먹기만 할 뿐 당신에게 아무것도 가져다주지 않는다. 이 '낡은 모자들'을 벗는 게 나을지 자문해 보라.

3. 당신의 머리에 모자들이 쌓여 있는가? 그것은 아무 도움이 되지 않는다. 당신의 인생 모자 수를 줄여야만 한다. 최대치는 일곱 개다. 그

163

보다 많아서는 안 된다. 망설여진다면 다음과 같은 질문을 해 보라.

- 나는 이 역할, 이 인생 모자를 정말 원하는가?
- 내가 스스로 이 모자를 쓴 것인가? 아니면 타인이 내게 씌운 것인가?
- 내가 이 역할을 완전히 포기해 버린다면 무슨 일이 일어나는가?

당신은 물론 다수의 역할을 통합해 볼 수도 있다. 이를테면 아들이나 딸, 손자, 조카, 삼촌, 숙모와 같은 가정적 의무들을 '친족'이라는 하나의 역할로 통합할 수 있다. 여기서 자신을 속이지 마라. 한 개의 모자 아래에 정말 가져다 놓고 싶은 것들만을 통합하라.

4. 모자를 일곱 개로 줄였는가? 그렇다면 다음의 인생 모자들 안을 채워 보자.

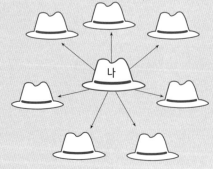

직업적 인생 모자이건 개인적 생활과 관계된 인생 모자이건 간에 본질적인 것에 일관되게 집중할 때에만 성취, 조화, 성공이 보장된다.

인간은 습관의 동물이다. 오래된 의무들을 벗어 내고, 중요하지는 않지만 기꺼이 받아들인 의식들을 포기하기는 어려운 일이다.

열기구를 타고 더 높이 오르려면 모래주머니를 버려야 한다.

달리 말하면 중국의 격언대로 "놓아 버리면 양손이 자유롭다." 물론 어떤 경우에도 포기할 수 없거나 포기해서는 안 되는 모자와 역할도 있다.

- 아이가 있다면 당연히 부모 역할을 해야 한다.
- 이성과 관계를 맺고 살아가고 있다면 배우자 또는 연인으로

서의 모자를 쓴다.

- 직업 활동을 하고 있다면 직무상 하는 일에 책임을 져야 한다.
- 직원을 거느리고 있다면 자동으로 리더 역할을 맡는다.
- 취미에 몰두하는 중이라면 그에 상응하는 모자를 쓴다.
- 주택 건설업자, 고학생, 프로젝트 리더처럼 직업 혹은 개인적으로 큰 프로젝트를 수행해야 한다면 시간 모자를 쓴다.

자동으로 쓰게 되는 이 모자들을 마음대로 벗어 버릴 수는 없다. 그 외에도 역할을 하는데, 이 역할들은 포기할 수 있으며 기꺼이 포기하고 싶기도 하다. 많이들 자신에게 전혀 즐거움을 주지 않는 역할들을 단지 의무감으로 맡는다. 타인은 하찮은 일들을 계속 가져와 더 많은 시간을 투자하라고 강요하며 짐 나르는 당나귀처럼 취급한다. 이처럼 하고 싶지도 않고 전혀 중요하지도 않은 부차적 역할들 속에서 우리는 자기 자신을 손쉽게 잃어버린다. 이런 역할들을 일관성 있게 줄여 나가야 한다.

우리는 또한 너무 많은 것을 원한다. 그 같은 헛된 활동들을 시도하기에는 시간이 짧다. 그런데도 많은 일을 하려 한다면 인생을 경주로로 끌고 가는 것이다. 성급함과 스트레스가 일상을 지배하여 인생은 균형을 잃게 될 것이다. 개인적 삶의 질은 생각조차 할 수 없게 된다.

물론 부차적이고, 과도하고, 불편한 모자를 벗거나 역할을 내려

놓는 것만으로는 충분치 않다. 하나의 특정한 역할에 지나치게 사로잡히지 않도록 해야 한다. 여기서 자신의 인생 모자를 정의해 보면 큰 도움이 될 것이다. 인생 모자 개념으로 직업 영역과 개인 영역을 분리해야만 한다는 사고에서 벗어날 수 있기 때문이다. 당신이 일관성 있게 실행해 나간다면 이 두 영역을 통일시키는 데 성공할 것이다. 이는 성공적이고 충만하며 균형 잡힌 인생을 위해 내딛는 중요한 걸음이다.

작은 비전 작성하기

처음에 인생 모자는 채워야 할 빈 그릇 또는 알맹이 없는 구호일 뿐이다. 이때 작은 비전을 써 본다면 도움이 될 것이다. 이는 일상의 활동 방향을 구체적으로 정해 준다. 인생에서 올바른 우선순위를 정하여 살아가는 데도 실질적인 도움을 준다.

처음에는 특정한 모자나 역할을 어떻게 당신 스스로 찾아낼 것인지 자문해 보라. 예를 들어 당신의 직원들 관점에서 당신을 생각해 보라. 당신을 선임자나 보스로 여기는가? 아니면 롤 모델, 팀장, 동기 부여자, 비전 제시자, 코치로 여기는가? '좋은' 보스, '좋은' 간부, '좋은' 팀장이 된다는 게 구체적으로 무엇을 뜻하는지도 생각해 보라. 다음 이야기가 첫 자극이 되어 줄 것이다.

한 조사원이 채석장에서 돌을 쪼개는 일에 종사하는 세 노동자에게 이 힘든 일을 왜 하는지 탐문해 보았다.

- 첫 번째 사람은 돌을 쪼개면서 무미건조하게 답했다. "생활비를 벌기 위해 서죠."
- 두 번째 사람은 상대적으로 의욕적으로 힘차게 답했다. "저는 최고의 채석 공이니까요."
- 세 번째 사람이 가장 열정적이고 활기차게 답했다. "성당을 짓는 데 일조하 는 거니까요."

168

첫 번째 채석공은 일을 그저 의무이자 부담으로 느끼면서 항상 쉬고만 싶다. 두 번째 채석공은 이유를 따지지 않는 전형적인 전문가다. 세 번째 채석공은 자신이 무엇을 위하여 무엇을 하고 있으며 무엇을 만드는지, 그것이 누구에게 어떤 쓸모가 있는지 그리고 누군가에게 쓸모 있으려면 자신이 무엇을 해야 할지 자문한다. 그는 일하면서 눈앞에 하나의 그림, 즉 비전을 지니고 있는 것이다.

당신도 한번 자문해 본 적이 있는가? 직업적으로든 개인적으로든 전체에 대한 당신의 기여는 어때 보이는가? 오늘이 지난 후에는 어때 보일 것 같은가?

88세 생일

오늘이 당신의 88번째 생일이라고 상상해 보자. 당신 눈앞에는 다양한 사람들이 초대되어 앉아 있다. 이 사람들은 당신이 현재 쓰고 있는 인생 모자를 상징한다.

- 당신의 보스 또는 당신의 가장 중요한 고객은 직업상의 주요 과제를 대표한다.
- 직원들은 당신의 지도력 모자를 대표한다.
- 당신의 배우자 또는 연인은 동반자 모자를 대표한다.
- 당신의 아들이나 딸은 부모 역할을 대표한다.

당신이 긍정적이고 특별한 방식으로 최대한 능력을 발휘해 이 모자와 역할에 임한다고 생각해 보자. 이 사람들은 당신에게 짧은 축사로 어떤 말을 해 줄까?

8. 2단계: 인생 모자나 인생 역할을 명확히 한다

1. 사람들은 당신의 어떤 성격을 특히 기억하는가?

_____

_____

_____

2. 당신은 그들에게 어떤 강한 인상을 주었는가?

_____

_____

3. 타인들에게 깊은 인상을 준 당신의 업적은 무엇인가?

_____

_____

_____

4. 타인들의 삶을 조금이라도 '개선'하는 데 당신은 어떤 이바지를 했는가?

_____

_____

_____

사례

생일 파티에 온 하객들은 당신에 관해 무어라 말하는가? 다음 사례들이
당신에게 영감을 줄지도 모르겠다.

인생 모자	관련 인물	축사
친구	모범적 친구	그는 도움이 필요할 때마다 늘 함께해 주었습니다.

동반자

모범적 동반자   제 배우자는 진정 저보다

나은 훌륭한 반쪽입니다.

우리는 서로 존중하고

신뢰합니다.

과제

위의 사례들처럼 당신의 인생 모자를 채워 넣고 그 내용을 쓰라. 모든 모자에
대해 축사를 작성해 보라. 당신의 인생 역할에 대한 작은 비전이 될 수 있는
축사여야 한다.

인생 모자	관련 인물	축사

8. 2단계: 인생 모자나 인생 역할을 명확히 한다

이 연습으로 당신은 인생 모자의 의미를 의식하게 될 것이다. 나아가 이 연습은 가치 지향적 이상을 구체적으로 구성하는 데도 도움이 된다. 이로써 당신은 인생에서 가장 중요한 일들에 좀 더 일관성 있게 집중할 수 있게 된다.

바로 지금 관계자들에게서 당신에 대한 가상의 축사를 들어 보라. 이는 개개의 인생 모자를 위한 작은 비전을 구체화하기 위한 것이다. 이렇게 해서 인생 비전에 형상을 부여하고 그것을 당신의 일상과 일치시킬 수 있다.

인생 모자 또는 인생 역할을 위한 작은 비전들

173

인생 모자 또는 인생 역할을 위한 작은 비전들

174

3단계: 우선순위를 일주일 단위로 효율적으로 계획한다

"실효성의 '비결'이 있다면 그것은 집중이다."

| 피터 드러커 |

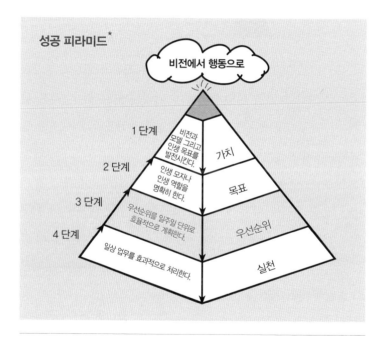

★ Prof. Dr. Lothar Seiwert, D-67435 Neustadt/Weinstraße, www.Lothar-Seiwert.de

우리가 시간을 관리할 수 있다고 말한다면 그것은 궤변이다. 일상적으로 사용하는 '시간 관리'의 개념은 의미상 맞는 말이 아니다. 우리가 원하든 원치 않든 시간은 초, 분, 시 단위로 계속해서 흘러간다.

물론 '시간'을 다루는 데 우리는 자신의 내면적 태도에 영향을 미칠 수 있다. 시간을 어떻게 다룰지, 말하자면 긴장할지 혹은 편안할지, 즉흥적일지 혹은 계획적일지, 혼란스러울지 혹은 질서 있을지는 우리 자신에게 달려 있다.

확실히 우리에게는 시간을 지배하고 의미 있게 활용하는 데 문제가 있다. 우리는 자주 시계의 노예가 된다. 시간의 주인이 되는 것은 전혀 어려운 일이 아니다. 성공적 시간 관리의 관건은 정말 중요한 일에 집중하는 데 있다. 우선순위를 정하는 사람만이 자신의 결정에 따라 시간을 관리할 수 있다.

근본적 문제는 시간이 아니라 우선순위다. 성공적 시간 관리란 곧 철저한 우선순위 관리다.

우선순위 설정을 제대로 해야 시간도 잘 활용할 수 있다. 많은 사람이 시간 계획을 세우고 성공 방법을 적용한다. 그렇게 해서 본질에 집중하는 대신 일상 업무상의 단기적, 직접적 사건들에 집중하게 되는 것이다. 바로 여기에 시간 관리와 인생 관리의 근본적 문제가 있다.

중요한가? 시급한가?

많은 사람이 확고한 의지로 중요한 장기 목표와 소망, 비전을 실현하고 싶어 한다. 하지만 대개 언제 어떤 식으로든 자신의 항로와 모델을 포기하고 좌절하게 된다. 시급하지만 상대적으로 중요치 않은 일들이 매일의 일과를 지배한다.

누가 모르겠는가? 아침부터 저녁까지 사람들은 스트레스를 받는 일상 업무에 얽매여 있다. 하루가 끝날 때 사람들은 탈진한 채 자문한다. "나는 오늘 뭘 한 걸까? 내 목표에 한 걸음 더 다가갔나? 인생 비전을 충족하기 위해 오늘 구체적으로 뭘 했는가?" 길고 힘들었던 하루에 남은 것은 기껏해야 소소한 위안거리들뿐이다.

9. 3단계: 우선순위를 일주일 단위로 효율적으로 계획한다

대개 해가 바뀔 때면 자신의 인생 계획과 비전을 실행하는 데 실패한 채 탄식한다. "새해에는 반드시 해야지." 하지만 이어지는 12개월 동안 아무 일도 하지 않는다. 다시 인생의 1년이 삭제되고 그다음 해가 착실히 이어진다. 결국 일로 빽빽이 채워진, 충만감이 없는 인생을 응시하며 묻는다. "결국 이렇게밖에 살 수 없는가?"

개인적 시간 관리와 인생 관리에서 실효성이 없는 주원인은 매일같이 '시급한 일'에 지배받는다는 데 있다. 그러면 정말 중요한 일이나 자기 자신의 목표에 온전히 집중하기는 힘들다.

시급한 일의 처리. 여기서 고전적 시간 계획 방법과 업무 기술은 반드시 한계에 봉착한다. 이 방법들은 문제의 징후만 볼 뿐 시급함의 진짜 원인을 제거하지 못한다.

일이나 과제가 얼마나 중요한지 알 방법이 있을까? 일의 우선순위와 방법을 어떻게 정해야 할까? 이 문제를 해결하는 데 유용한 방법이 있다. 시급한 활동과 중요한 활동을 구별해 보는 것이다. 미국 드와이트 아이젠하워^{Dwight D. Eisenhower} 장군이 고안한 이 방법은 우선순위를 신속히 정하는 데 실질적으로 도움이 된다.

- 중요한 것은 미래와 가치, 인간, 목표, 결과, 성과를 중요시한다.
- 시급한 것은 시간과 일정 압박, 스트레스, 즉각 처리, 중단,

위기와 문제를 중요시한다.

아이젠하워 원칙에 따르면 효과적인 우선순위 관리를 위해 활용할 수 있는 네 개의 주요 카테고리가 있다.

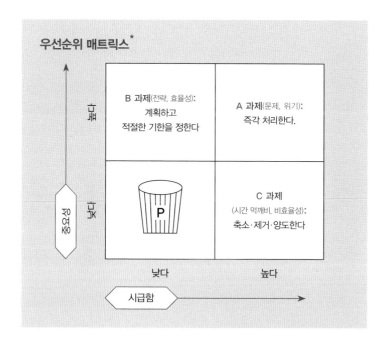

우선순위 매트릭스의 각 칸에서 다음과 같은 결론을 도출할 수 있다.

★ Prof. Dr. Lothar Seiwert, D-67435 Neustadt/Weinstraße, www.Lothar-Seiwert.de

사분면 A: 중요하고 시급한 활동들이다. 곧바로 자기 자신이 일에 착수해야 한다. 과제가 비판적 상황이나 문제, 위기일 수 있다. 중요한 일이 곧 시급해지는 것은 아니다. 중요한 일이므로 성급하게 처리해서도 시간 압박을 받아서도 안 된다는 점에 유의해야 한다.

사분면 B: 중요하지만 일정이 확정되지 않은 활동들이다. 이 일들도 일반적으로 자신이 처리해야만 한다. 유감스럽게도 우리는 종종 시급해질 때까지 이 활동들을 미루기에 마지막 순간 '당일치기'를 해야 할 때도 있다. 잘 계획하여 이 활동들을 적시에 해소해야 한다.

사분면 C: 중요하지 않지만 시급한 활동들이다. 시간 자산의 대부분을 요구한다. 효율성을 높이기 위한 여분의 시간을 여기에서 찾을 수 있다. 이 활동들을 가능한 한 최대로 줄이거나 양도하여 제거하라.

사분면 P: 중요하지도 시급하지도 않은 모든 일은 폐기하거나 휴지통에 던져 넣어야 한다. 휴지통을 이용할 용기를 가져라!

이 버려진 일이 다음에 중요하거나 시급한 일로 나타난다면 이르건 늦건 누군가가 분명히 그것을 기억하게 해 줄 것이다!

중요한 일이 시급한 경우는 드물고 시급한 일이 중요한 경우도 드물다!

시급한 일의 처리

오늘날 우리는 어느 때보다도 시급한 일을 처리하기에 급급하다. 일반적으로 시급한 활동은 타인의 우선순위나 일정과 연결되어 있다. 이것이 일을 신속하게 처리하라는 압박이 가해지는 이유다. 시급한 일들 뒤에는 언제나 외부로부터의 압박이 숨어 있다.

9. 3단계: 우선순위를 일주일 단위로 효율적으로 계획한다

이 압박으로 우리의 우선순위는 시급한 일을 처리하는 것에 따라 설정된다. 우리는 시급한 과제에 걸려 넘어진다. 전략적으로 중요하지만 시급하지 않은 과제들을 다룰 시간이 남지 않게 되는 경우가 흔하다. 모든 사람이 모든 것을 즉각 처리하고 싶어 한다. 이미 처리되어 있으면 제일 좋다!

물론 우리 자신이 그렇게 행동하는 것이다. 누가 기꺼이 오랫동안 기다리려 하겠는가? 무언가를 원한다면 지금 당장이다! 일상에서 우리는 시급한 일을 처리하는 데 특히 강하게 얽매여 있다. 상사나 고객을 오랫동안 기다리게 놔둘 수 있는 사람은 없다.

- 누군가 당신과 일정을 협의하려 할 때 그는 당신을 당장 만나고 싶을 것이다.
- 어느 고객이 무언가 문의해 올 때 그는 답변을 당장 듣고 싶을 것이다.
- 상사가 당신에게 과제를 전달할 때 그는 그 과제가 당장 처리되기를 원할 것이다.
- 타인이 무언가 해 주기를 바랄 때 당신 역시 당장 처리되기를 원할 것이다.

우리는 시급한 일의 처리로부터 완전히 자유로워질 수 없다. 그러나 자유로워질 여지를 얻으려는 시도는 해 볼 수 있다. 타인과의 외적 일정을 당신의 개인적인 내적 일정과 대치시켜 보라.

자신을 위한 시간이나 일정을 규칙적으로 남겨 놓고 자신의 우선순위와 목표를 위하여 활용하라.

절대 시간을 증식시킬 수는 없다. 하지만 자신에게 정말 중요한 일을 하기 위해 시간을 최대한 많이 확보할 수 있게 우선순위는 정할 수 있다.

우리의 시간 대부분은 사분면 C의 중요하지 않지만 시급한 일들에 바쳐진다. 우리는 이 일들을 직접 최대한 빨리 처리해야 한다고 믿는다. 이 부분을 과감히 줄이고, 제거하고, 양도해야 한다. "아니요"라고 말하는 법을 배운다면 당신은 사분면 B, 즉 당신의 인생에서 중요한 일들에 집중할 기회를 얻게 될 것이다. 목표 및 시간

9. 3단계: 우선순위를 일주일 단위로 효율적으로 계획한다

관리에서 사분면 B의 활동에 집중하고 사분면 C의 중요하지 않은 일들에 가능한 한 적은 시간을 투자하는 것이 성공하는 사람들의 비결이다.

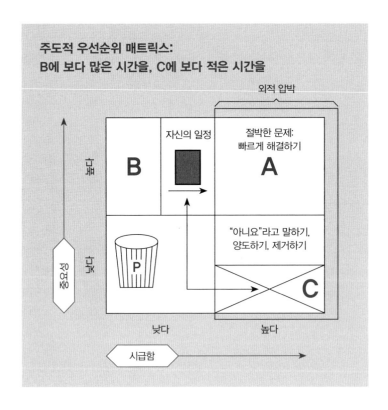

얼마나 완벽히 계획을 세우는가는 문제가 되지 않는다. 사분면 A에 아무런 과제도 남기지 않을 수는 없을 것이다. 당신이 즉각 신경 써야 하는 일이 언제나 있을 것이다. 무언가 어긋났을 때 중요한 일들이 훨씬 시급해지기 마련이다. 이는 매우 일상적인 상황이 지닌 정상적인 불확실성이다. "계획을 세운다는 것은 우연을 오류로 대체하는 것이다." 사분면 C의 중요하지 않은 과제에 집중하지 않을 수만 있다면 중요한 일이 갑자기 시급해졌을 때 일 처리를 위해 필요한 시간을 확보할 수 있을 것이다.

시급한 일에 즉각 반응해야 한다. 그래야 중요한 일에 대응할 수 있다.

시급한 일이 아니라 중요한 일에 집중하는 것이 개인적 시간 관리와 목표 관리에 관한 최고 전략이다.

주간 우선순위 계획하기

"문제의 핵심은 일정표에 있는 것이 아닌 당신이 소중하게 생각하는 것 중에서 우선순위를 매기고 일정을 계획하는 것이다."

| 스티븐 코비 |

이렇게 해서 앞으로는 당신도 반응할 뿐 아니라 대응할 수 있다. 무조건 당신의 개인적 우선순위에 따라 일해야 한다. 대부분은 개인적으로 시간 계획을 세울 때나 업무 조직에서 활동할 때 그들의 일일 계획표와 다이어리에 확정된 일정에 집착한다. 인생 비전, 모

델, 목표를 실현하고 싶은 사람이라면 단기간의 계획을 훌쩍 넘어가는 지평 위에서 계획을 세워야 한다.

　매일 그리고 매주 우리의 소망과 목표를 위한 시간을 취하기 위해 노력해야 한다. 그렇게 한다면 우리의 비전은 현실이 될 수 있다.

　일일 계획은 확실히 시작으로서 좋다. 하지만 하루만 계획하는 데 그친다면 시급한 일들만 처리하게 될 위험이 있다. 하루 동안 시급한 일만 챙기다가 정말 중요한 일을 위한 시간을 갖지 못하는 것이다. 게다가 하루하루는 인생의 작은 단위일 뿐이다. 이 작은 단위로는 중요한 많은 일을 조망할 수 없다. 따라서 계획은 반드시 주말이 포함된 주간 단위로 세워야 한다. 이로써 우리의 모든 활동, 즉 근무 시간과 자유 시간, 직업적 생활과 개인적 생활, 가족과 취미를 제대로 살펴볼 수 있을 것이다.

　일일 계획은 시급한 정도에 따라 우선순위를 조정하게 한다. 이에 비해 주간 계획은 중요한 것에 집중하게 해 준다.

한 주 동안 자신에게 중요한 일을 위해서 능동적으로 일하지 못하는 사람은 자신의 시간과 인생을 거머쥘 수 없다. 추구하는 활동이 너무 많아서인가? 그게 아니라면 너무 많은 역할을 맡고 있어서인가? 혹시 우선순위를 제대로 분명하게 정하지 못한 것은 아닌가? 어쩌면 인생의 균형이 깨져서일지도 모른다.

가족 또는 친구들을 돌보지도 못하고 취미를 즐길 시간은 물론 여유를 부릴 만한 시간도 없다. 늘 이런 하루와 일주일이 반복될 것이다. 그러나 예외가 규칙이 되어서는 안 된다! 잊지 마라. 당신의 인생을 정산할 때 무엇이 부채로 남느냐가 중요하다.

당신이 늘 해 왔던 대로만 계속한다면 얻었던 것만을 얻을 것이다.

주말에만 시간을 낼 수 있는 일들이 많이 있다. 아이들이나 배우자가 집에 있을 때만 할 수 있는 일들 말이다. 그러므로 주간 우선순위 계획은 목표를 위한 시간을 창출하고 행동을 비전과 결합해 준다. 주간 우선순위 계획은 다음과 같은 사항들의 틈을 메워 준다.

9. 3단계: 우선순위를 일주일 단위로 효율적으로 계획한다

비전, 모델, 일상 업무 간 인터페이스로서의 주간 계획*

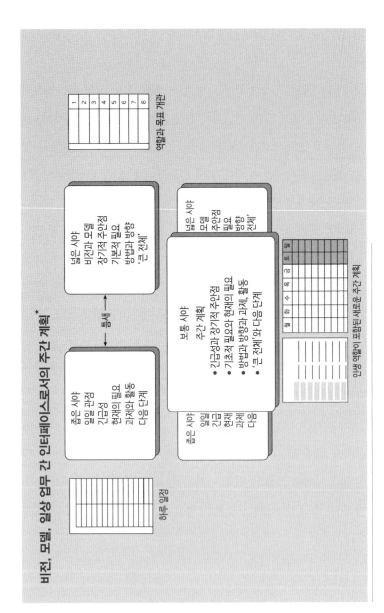

역할과 목표 개관

| 1 |
| 2 |
| 3 |
| 4 |
| 5 |
| 6 |
| 7 |
| 8 |

넓은 시야
비전과 모델
장기적 주안점
기본적 필요
방법과 방향
'큰 전체'

틈새

보통 시야
주간 계획
• 긴급성과 장기적 주안점
• 기초적 필요와 현재의 필요
• 방법과 방향과 과제, 활동
• '큰 전체'와 다음 단계

넓은 시야
모델
주안점
필요
방향
전체'

좁은 시야
일일
긴급
현재
과제
다음

좁은 시야
일일 관점
긴급성
현재의 필요
과제와 활동
다음 단계

하루 일정

인생 역할이 포함된 새로운 주간 계획

* Prof. Dr. Lothar Seiwert, D-67435 Neustadt/Weinstraße, www.Lothar-Seiwert.de

188

- 장기적 비전, 소망, 목표
- 시급한 일의 처리가 대부분인 단기간의 일일 업무

일주일을 성실히 계획하는 사람만이 장기적 목표라는 거대한 매일의 모든 일들을 결합시킬 수 있다.

실천하는 주간 계획

"모든 일을 제대로 하면서 가장 중요한 일을 소홀히 할 수도 있다."

| 알프레트 안데르쉬Alfred Andersch(독일 소설가) |

주간 우선순위 계획으로 당신은 비전과 행동을 엮어 낼 끈을 얻었

189

다. 여기서 핵심은 당신에게 정말 중요한 활동을 수행할 시간을 남겨 놓는 것이다.

이때 조약돌 원칙을 기억하라. 우선 큰 조약돌이 가득 담긴 원통형 항아리를 연상해 보라. 큰 조약돌은 당신의 우선순위에서 중요한 것을 의미한다. 큰 조약돌로 항아리를 가득 채웠다고는 하지만 작은 조약돌, 모래, 물과 같은 덜 중요한 일을 위한 자리는 아직 남아 있다.

조약돌 원칙에 따라 우선순위와 시간으로 작성된 주간 계획은 정말 중요한 일을 수행하기 위한 것이다. 주간 계획은 시간과 인생의 균형을 위한 열쇠다. 중요한 일은 염두에 두지만 말고 글로 적어 두어야 한다. 그렇게 한다면 중요하지 않은 일에 "아니요"라고 말하고 당신을 인생 목표에 더 가까이 데려다줄 일에 "네"라고 말하기가 조금 더 수월해질 것이다.

항상 예기치 못하게 빠르게 끼어드는 일, 즉 예상치 못한 일이 일어나게 하지 마라. 그렇지 않으면 일주일이 상대

적으로 중요하지 않은 활동으로 채워질 것이다. 그러면 본질적인 것을 버리게 된다. 막아 내고 제거하라. 당신의 인생 목표를 위한 시간을 의식적으로 취해야 한다.

당신의 활동을 일목요연하게 살펴볼 수 있도록 특정 활동을 특정 요일에 배치하는 식으로 일주일을 계획할 수도 있다. 계획을 세울 때 반드시 유의해야 할 점은 매일매일 일상에서 벌어지는 일 가운데에서도 유연한 자세를 잃지 않는 것이다. 정말 중요한 일들을 위한 시간을 얻어 자신의 비전, 소망, 목표에 장기적으로 다가가야 한다. 한 계획만 노예처럼 따를 필요는 없다.

실천 팁

주간 계획을 실천할 때 주간 나침반은 유용하다. 이 주간 나침반 서식은 주간 우선순위를 계획할 때 당신의 인생 모자 하나하나를 고려하게 해 준다. 그렇게 해서 당신은 인생의 각 영역을 주마다 계획할 수 있다.
주간 나침반을 항상 사용할 수 있게 준비하라. 당신의 주간 나침반을 투명 파일에 넣어서 다이어리의 일일 계획과 주간 계획 사이에 끼워 놓아라. 아니면 디지털 버전으로 만들어 디지털 일정표 안에 정리해 두도록 하라.[*]

---

[*] 주간 나침반과 기타 서식은 사이트 www.tempus.de/downloads/664.pdf에서 내려받을 수 있다.

9. 3단계: 우선순위를 일주일 단위로 효율적으로 계획한다

인생 모자에 따른 주간 계획

주간 나침반

날짜:

◆ 삶의 네 영역 균형 잡기

신체: 피트니스 센터에서 체력 검사를 위한
　　　트레이닝

성과: 매일 CNN 토크 쇼와 뉴스 청취

관계: 클럽 하우스에서 골프 선생과 점심 식사

의미: 명상 책 매일 10쪽!

● 인생 모자: 드림 박스 지배인
활동: 카이젠팀 소개

● 인생 모자: 햄프스 간부
활동: 상인 협회를 위한 발표

● 인생 모자: 주총 회장
활동: 선전 팸플릿과 메일 쓰기

● 인생 모자: 남편
활동: 함께 요리 수업 듣기, 길도 초름 콘서트

● 인생 모자: 아버지
활동: 실습생 문제로 존과 통화하기

● 인생 모자: 취미 요리가
활동: 아시아 식재료점 둘르기

● 인생 모자: OASE 동우회
활동: 정보 안내지 발간을 위한 초대

주간 우선순위 계획

주간 나침반

날짜: _____

◆ 삶의 네 영역 균형 잡기

신체: _____

성과: _____

관계: _____

의미: _____

🎩 인생 모자: _____
활동: _____

🎩 인생 모자: _____
활동: _____

🎩 인생 모자: _____
활동: _____

🎩 인생 모자: _____
활동: _____

🎩 인생 모자: _____
활동: _____

🎩 인생 모자: _____
활동: _____

🎩 인생 모자: _____
활동: _____

시간 운용과 실효성을 위한 4단계

❶ 비전, 롤 모델 그리고 인생 목표 계발하기
❷ 인생 모자 또는 인생 역할 확정하기
❸ 주간 우선순위를 효과적으로 계획하기
❹ 일상 업무를 효과적으로 처리하기

✏️

_____
_____
_____
_____
_____
_____
_____
_____
_____
_____
_____
_____
_____
_____
_____
_____
_____
_____
_____

9. 3단계: 우선순위를 일주일 단위로 효율적으로 계획한다

4단계: 일상 업무를 효과적으로 처리한다

"살아갈 가치가 있는 삶은 기록될 가치도 있다."

| 앤서니 라빈스Anthony Robbins(성공 트레이너) |

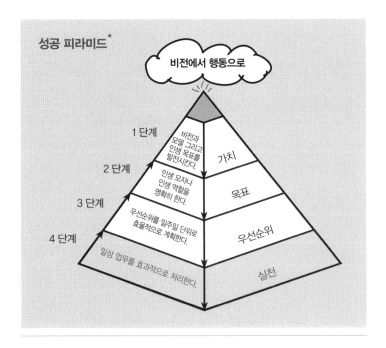

성공 피라미드★

비전에서 행동으로

1 단계 — 비전과 모델 그리고 인생 목표를 발전시킨다. — 가치

2 단계 — 인생 모자나 인생 역할을 명확히 한다. — 목표

3 단계 — 우선순위를 일주일 단위로 효율적으로 계획한다. — 우선순위

4 단계 — 일상 업무를 효과적으로 처리한다. — 실천

★ © Prof. Dr. Lothar Seiwert, D-67435 Neustadt/Weinstraße, www.Lothar-Seiwert.de

지금까지 우리는 일주일간 달성하려는 계획을 확정했다. 이제 당신이 정말로 본질적인 일에 집중할 수 있는지는 매일의 실천 테스트에서 확인될 것이다.

매일 아침 주간 계획을 검토하고 그 성과를 감독하기 위해 몇 분만 시간을 내자. 그리고 질문해 보자. 무엇이 정말 중요한가? 나는 오늘 인생 목표와 관련해 무엇에 집중할 것인가?

너무 많은 일을 벌여 모든 계획을 그르치는 사람은 유연하지 못하며 반드시 스트레스를 받게 된다.

최선의 계획을 세우더라도 이런저런 예측하지 못한 일들이 계속해서 나타난다. 우선순위를 새롭게 설정할 수 있는 유연성이 필요하다.

시간 범죄

우리의 일상 업무를 분석해 보면 많은 사람이 과부하에 걸려 있음을 알 수 있다. 초과 근무를 해도 저녁이 되면 온종일 무엇을 했는지 모르는 날이 자주 있다. 많은 일을 해도 정작 중요한 일은 내던져지는 것이다. 예측할 수 없고 미룰 수 없는 일들이 항상 끼어들기 마련이다.

195

10가지 시간 범죄

1. 한번에 많은 일을 하려 한다. ○
2. 분명한 우선순위를 세우지 않는다. ○
3. 예측할 수 없는 일에 대비하기 위한 시간을 너무 적게 책정한다. ○
4. 회복을 위한 휴식 시간을 고려하지 않는다. ○
5. 책상 위가 엉망이다. ○
6. 전화 통화, 대화, 메일 작성을 위한 시간을 너무 적게 책정한다. ○
7. 불편한 과제를 미룬다. ○
8. "아니요"라는 말을 못 한다. ○
9. 모든 것을 너무 완벽히 처리하려 한다. ○
10. 자기 통제 능력도 결과도 열악하다. ○

이미 저지른 죄들인가? 시간을 어떻게 다루느냐는 전적으로
당신에게 달렸다. 너무 많은 일을 모두 잘하려다 보면 결코 시간을
손에 쥘 수 없다! 부차적인 일들 속에서 당신은 자신을 상실하고
정말 중요한 일에 집중하지 못할 것이다.

196

하루를 더 잘 분배하고 계획할수록 자신의 목표를 위해 하루를 더 잘 사용할 수 있다.

일일 계획을 위한 7가지 기본 규칙

1. 계획은 문서로 작성하라. 모든 활동, 과제, 일정을 당신만의 일정 서식에 바로 메모하라. 매일의 일과는 물론 사소한 일까지도 메모하라. 그렇게 해야만 당신의 활동을 개관하고 본질적인 일에 집중할 수 있다.

2. 전날 밤 다음 날을 계획하라. 그렇게 하면 당신의 잠재의식이 수면 중에 당신을 위해 일할 것이며 그 창조력을 밤새 활용할 것이다. 아울러 잠자리에 들기 전에는 불안한 생각을 자제하라. 내일의 일을 걱정하지 마라.

3. 필요한 시간을 측정하고 한계 시간을 설정하라. 당신은 분명히 돈을 쓸 때 매우 주의하며 사전에 지출 계획을 세울 것이다. 시간에 대해서도 그렇게 해 보면 어떨까? 시간이 돈보다 훨씬 가치 있다는 사실을 잊지 마라. 주어진 과제들을 끝도 없이 질질 끌 수도 있기에 모든 활동에 한계 시간을 설정해야 한다. 주의 깊게 설정한 한계 시간이 믿기 힘들 정도로 많은 여유 시간을 당신에게 안겨 줄 것이다.

4. 온종일 매달려야 하는 일정은 잡지 마라. 현실적인 일일 계획에는 원칙적으로 당신이 당일 처리하려는 일들만 적혀 있어야 한다. 실질적인 시간 수요를 과소평가하지 마라! 절대로 하루 시간의 60퍼센트 이상을 계획하지 마라. 60-20-20의 원칙을 견지하라. 시간의 60퍼센트는 계획된 활동에 배정하라. 20퍼센트는 예측하지 못한 과제와 악명 높은 시간 도둑용으로 할당하고, 나머지 20퍼센트는 사회적 관계를 위해 배정하라. 당신의 일상 업무에서 무엇을 할 수 있고 무엇을 계획할 수 있는지, 또 무엇을 할 수 없는지를 알게 될 것이다.

5. 비교 가능한 과제들을 업무 블록과 시간 블록에 통합하라. 업무 블록과 시간 블록은 당신의 하루를 대강 구조화해 준다. 그러나 노예처럼 블록에 집착하지는 마라. 유연해야 한다는 것을 잊지 마라! 당신의 업무·시간 블록은 다음과 같을 수 있다.

08:30~10:00   A 과제 작업(중단이나 통화 없이 집중해서 작업)
10:00~11:00   소통을 위한 시간(동료, 고객 또는 상사와 대화·이메일·통화)
11:00~12:00   A 과제 작업 또는 토의와 회의
12:00~13:00   점심시간
13:00~14:00   C 과제 작업(문서, 전문 잡지 읽기, 사회적 접촉)
14:00~15:00   B 과제 작업(중단이나 통화 없이 집중해서 작업)
15:00~16:00   소통을 위한 시간(동료, 고객 또는 상사와 대화·이메일·통화)

198

| 16:00~17:00 | B 과제 작업 또는 토의와 회의 |
| 17:00~17:30 | 하루의 검토와 일일 계획(일일 계획에 따라 해야 했던 일과 해낸 일을 비교하고 다음 날을 위한 계획을 세움) |

6. 우선순위를 중심에 두어라. 언제나 가장 시급한 일이 아니라 가장 중요한 일로 시작하자! 계속해서 자문하라. 무엇이 정말 중요한가? 무엇이 나를 내 목표에 다가가게 해 줄 것인가? 내가 이 일을 하지 않는다면 무슨 일이 일어날 것인가? 다음 모토를 좇아 "아니요"라고 말하는 법을 배워라.

"가능할 때 '아니요'라고 말하고 필요할 때 '네'라고 말하라."

7. 긍정적인 일에 몰두하라. 하루의 즐거움을 잃지 말자! 매일같이 당신에게 즐거움을 주는 어떤 것을 하라. 친구를 만나고 영화관이나 미용실에 가고 멋진 식사를 즐겨 보라. 매일의 업무에서 균형을 잡아야 꾸준히 성공의 경험을 쌓을 수 있다.

실천 팁

자신의 목표를 일관되게 추구하기 위해서는 많은 규율이 요구된다. 매일매일 동기를 유발하는 추진력을 창출하라. 매일같이 개인적 뉴스로 하루를 마무리하고 성공 일기를 작성하라. 사소한 성과라도 모두 기록하라. 그렇게 해서 당신은 긍정적인 것과 자신의 장점, 성공 경험에 자연스럽게 시선을 두게 된다. 저녁 무렵 당신 스스로 상세히 기록된 하루 행적을 평가한다면 자신의 의도와 목표를 좀 더 잘 지켜야 한다는 의무감이 생길 것이다. 목표 달성을 위해서라도 결국 더 노력하게 된다.

10. 4단계: 일상 업무를 효과적으로 처리한다

우선순위:

_____

_____

_____   **즉각 처리:**

8.30   상인 협회 고문들을 위한 발표 준비

_____

9   카이첸텅 소개

_____   주총 관련 메일 쓰기

10

_____

11   **실행:**

_____   오스트리아 빈 항공권 예매

12

13

14

15   **☎**

_____   그레이 부인 07232-36980

16 미팅: 홀레더 씨

   마케팅 계획,

17

18 ∞ 피트니스 센터

19   **✉ @**

_____   플러처 부인

20 ∞ VHS - 코스   티키 - 축하

개인적 성공 일기를 기록하기에 가장 적합한 도구는 당신의 다이어리다. 다음의 체크 리스트를 복사해 다이어리에 붙여 놓아라.

성공 일기를 위한 체크 리스트

- 나는 오늘 내 목표에 좀 더 다가갔는가?
- 나는 앞으로 어떤 목표를 좀 더 일관되게 추구할 것인가?
- 나는 오늘 무엇을 배웠으며 앞으로 무엇을 변화시킬 것인가?
- 시간만 잡아먹고 아무것도 가져다주지 않은 활동은 무엇인가?
- 성공한 자신에게 어떻게 보상하여 잘해 나가도록 할 것인가?

성공을 위한 7일

개인적 성공 일기를 매일같이 착실하게 작성하더라도 하루하루를 따로 떼어서 보면 안 된다. 최근 7일간의 일기를 다시 꺼내어 하루하루를 비판적으로 살펴보라. 모든 일을 제대로 했는가? 계획에 아직도 결함이 있는가? 다음의 체크 리스트는 당신의 계획을 최적화하는 데 유용할 것이다.

1. 나는 나의 인생 비전과 인생 모자 및 역할에 관해 분명히 알고 있는가? 다양한 삶의 영역들의 균형을 잡는 데 유의하라.
2. 나는 정말 중요한 일들에 집중하고 있는가? 부차적인 일들 속에서 자신을 잃어버리지 마라. 그리고 직업적인 일뿐 아니라 개인적인 일에도 집중해야 한다는 데 유념하라.
3. 나는 목표를 바라보며 활동을 계획하고 있는가? 매일같이 하는 일들로 목표에 다가가고 있음을 확인하라.
4. 나는 우선순위를 분명히 정했는가? 시급한 일의 처리에 얽매이지 마라. 언제나 중요한 일들을 먼저 처리하라. 중요하지 않은 일들은 일관되게 옆으로 밀어 놓아라.

5. 나는 시간 도둑과 방해 요인을 제어하고 있는가? 예측하지 못한 일들을 위한 시간을 충분히 배정하라. "아니요"라고 말할 용기를 가져라.
6. 나는 과제를 절도 있게 처리했는가? 어려운 과제들은 여러 단계로 나누어라. 불편한 일들을 결코 오래 미루지 마라.
7. 나는 규칙적으로 결산하면서 나의 성과를 즐기는가? 계획을 비판적으로 검토하라. 성과를 축하하고 자신에게 충분히 보상하기를 잊지 마라!

카르페 디엠Carpe diem! 하루를 활용하라! 보다 적은 시간 동안 보다 많은 일을 하는 데만 하루를 사용하지는 마라. 우리 시대의 추세는 직업적 요구와 개인적 인생 목표 간에 시간 균형을 맞추는 것이다. 일과 삶의 균형을 위한 열쇠로서 시간 관리를 활용하라.

Part 3

일과 삶의 균형을
위하여

균형 잡힌 삶을 위한 고집

"인생이란 우리가 다른 계획을 세우는 사이에 일어나는 그 무엇이다."

| 존 레논 John Lennon |

당신의 눈을 의심하지 마라. 잘못 읽지 않았다. 위의 제목은 오타가 아니다. 나는 진심으로 당신에게 고집쟁이가 되라고 요구하는 것이다. 물론 단어 뜻 그대로 받아들이면 안 된다. 고집은 때때로 완고함과 혼동되는데 이는 전적으로 부당하다. 고집스러운 사람이란 자신에게 정말 중요한 것에 관해 숙고하는 사람이기 때문이다. 그는 자기 인생의 방향을 스스로 정하고 자신의 가치, 의미, 목표를 결정한다. 고집스러운 사람은 자신이 무엇을 달성하고 싶은지에 관해서만이 아니라 무엇 때문에 달성하고자 하는지도 자문한다. '고집스럽다'는 말은 또한 바람이 우리의 피부를 스쳐 가고 사유가 날개를 펼 때 자신의 의미를 경험하고, 마음을 가다듬는 것이다. 아름다운 순간을 포착하거나 색채의 마술에 즐거워하고, 자연

을 느끼는 것을 의미하기도 한다.

고집스러운 사람은 우리 시대의 조급증이나 다이낵서티로부터 벗어나 인생 경영, 즉 시간적으로 균형 잡힌 삶을 위한 순수한 시간 관리로 향하는 걸음을 내딛기에 최적의 위치에 있다.

슬로비스처럼

Part 1에서 언급한 슬로비스를 기억하는가? '느리지만 일을 더 잘하는 사람' 말이다. 확신적 슬로비스는 '계속해서 빨라지는' 햄스터 바퀴에 안녕을 고한다. 속도를 성취의 유일한 기준으로 받아들이기를 거부한다. 슬로비스는 느림에서 생산적, 창조적 성과를 얻어 내려 한다. 늘 그렇듯이 슬로비스는 그 같은 생각을 고집스럽게 유지한다. 자신들의 달력이 일정으로 넘쳐나지 않더라도 그렇다. 그들은 달력에 즐거움과 삶의 기쁨을 위한 일정, 예를 들어 친구들과의 식사나 자유로운 오후 같은 일정이 충분히 담겨 있는지 신경쓴다. 슬로비스에게는 빠트린 과제를 만회하는 것보다 자기 자신을 위한 일정이 더 중요하다.

실천 팁

고집을 계발하고 싶은 사람은 무엇보다도 먼저 자유 공간을 만들어야 한다. 필기구와 종이를 들고 기록하라.

- 나는 무엇을 위해서 보다 많은 자유 공간을 가지고 싶은가?
- 누가, 무엇이 나에게서 자유 공간을 앗아 갔는가?
- 누가, 무엇이 특히 나를 압박하는가?

슬로비스는 효율성의 격언과 합리화 방법을 별로 견지하지 않는다. 악명 높은 '시간 도둑', 즉 회의, 통화 또는 잡담을 마다하는 것이 그들에게는 의미가 없다. 삶의 질과 즐거움을 일에서 얻지 못하는데 시간을 최대한 절약해서 무엇에 쓸 것인가?

이 복잡한 고속 사회에서 지속해서 버텨 나가고 싶다면 더 빨리 열심히 일할 것이 아니라 자신의 힘을 더 잘 보존해야 한다. 자

11. 균형 잡힌 삶을 위한 고집

신의 여력을 완전히 목적적으로 분배하고 이용해야 한다. 미래 노동과 관련한 화두는 바로 "회복하지 못하면 패한다"이다. 인간의 노동력은 무제한 가속할 수도 원하는 대로 강화할 수도 없다. "간간이 회복하려면 휴식이 필요하다." 함부르크 트렌드 연구소 페터 비퍼만Peter Wippermann 교수의 말이다.

우크라이나 출신의 이스라엘 생리학자 모셰 펠덴크라이스Moshé Feldenkrais는 슬로비스의 기본 원칙을 다음과 같이 정리했다. "무엇을 하는지 알고 있다면 원하는 것을 할 수 있다." 말은 쉽다. 누가 원하는 것을 이미 하고 있을까? 우리의 일과를 지배하는 것은 대개 타인의 요구이다. 우리는 8시에 사무실에 있어야 한다. 10시에 회의, 11시에는 통화 일정이 잡혀 있다.

바로 그래서 슬로비스는 계속 행진한다. 그들은 결코 새로운 종의 인간이 아니다. 꼼꼼함과 인내를 요구하는 곳에서 우리는 줄곧 슬로비스를 만나 왔다. 우수한 와인 생산자는 빼어난 빈티지 와인을 생산하려면 성숙을 위한 시간이 필요하다는 것을 안다. 예술품 복원사는 옛 프레스코화를 발굴하여 끝없이 인내하며 후대를 위해 보존 작업을 한다. 오늘날에도 고급 시계를 만들기 위해서는 기계와 컴퓨터로 대체할 수 없는 장인의 고요한 손과 숙련된 눈이 숫자를 헤아려야 한다.

느림의 즐거움, 즉 자신의 여력을 의미 있게 다루는 것이 게으름이나 의욕 부진과 혼동되어서는 안 된다. 느린 속도가 반드시 나쁜 실적을 낳는 것은 결코 아니기 때문이다. 많은 노동량이 무조건 많은 성과를 약속하지는 않는다. 참을성 있고 여유 있는 직원들이 좀 더 창조적이며 일에서 보다 많은 즐거움을 얻는다. 장기적으로 볼 때 그들은 스트레스를 받는 동료들보다 본질적으로 더 역량이 있다. 실적과 빈둥거림 사이에서 균형을 유지하는 사람만이 지속해서 최고의 실적을 올릴 수 있다. 슬로비스처럼 해 보라.

고집을 계발하라. 나아지기 위해서 느려져라!

당신이 보다 많은 고집을 계발하는 데 다음이 도움을 줄 것이다.

11. 균형 잡힌 삶을 위한 고집

고집쟁이가 되기 위한 팁

- 당신의 다이어리에서 찌꺼기를 치워라. 중요하지 않은 일정들을 취소하라. 당연히 깊이 생각해야 한다. 당신의 자유 시간 활동을 위해서 시간 범퍼를 설치하라. 쇼핑을 위해 돌아다니다가 극장에 가거나 와인 한 잔을 음미해 본다면 긴장을 푸는 데 크게 도움이 될 것이다.
- 1000보를 걸어야 한다. 가능하다면 엘리베이터나 에스컬레이터를 피하라. 짧은 거리를 이동할 때는 자전거를 이용하라. 종종 느린 교통수단이 더 빨리 목적지에 데려다주기도 한다. 그것은 또한 당신의 행복감을 키워 줄 것이다. 언제든 탈 수 있게 자동차 근처에 자전거를 비치해 두어라. 자전거를 타기 위해 차로 움직여야 한다면 좋은 뜻도 꺾이기 마련이다.
- 마음을 가다듬어라. 순간을 즐겨라. 오전 9시에 맨발로 초원 위를 달리는 기분 또는 저녁 무렵 한바탕 비가 쏟아지고 난 후 테라스에 앉아서 신선한 공기를 들이마시는 기분이 어떤 것인지 알겠는가? 한번 시도해 보라.
- 패스트푸드 대신 슬로푸드를 먹어 보라. 식사 준비와 식사에 시간과 애정을 투자하라. 완제품 요리는 피하라. 요리 클럽의 전통이 계속해서 다시 살아나고 있다. 클럽에서 요리하면서 많은 새로운 것을 알게 되고 다 같이 결과를 즐길 수 있다.

작은 걸음 큰 작용

하룻밤 사이에 당신의 인생을 뒤집을 수는 없겠지만 고집을 향한 작은 걸음은 내디딜 수 있다. 어떤 일에 착수하기 전에 변화시키고 싶은 것이 무엇인지를 분명히 알아야 한다. 그러기 위하여 핵심적인 질문을 제기해 보자.

"나는 만족하는가?"

당신의 삶에 얼마나 만족하는가?

다음 질문들은 당신의 삶에 대한 만족도가 어느 정도인지 아는 데 도움이 될 것이다. 다음 질문에 아래 답변 중 당신에게 해당하는 것을 골라 그에 따른 점수를 적어 보라.

항상 그렇다: 2점
많은 경우 그렇다: 1점
그렇지 않다: 0점

삶(의미·자기실현·미래 문제)에 얼마나 만족하는가?   ◯

배우자(연인)와의 관계에 얼마나 만족하는가?   ◯

가족 생활에 얼마나 만족하는가?   ◯

직업에 얼마나 만족하는가?   ◯

사회적 환경(친구·지인·동료)에 얼마나 만족하는가?   ◯

재정 상태에 얼마나 만족하는가?   ◯

건강 상태(건강·신체 단련·성생활)에 얼마나 만족하는가?   ◯

자유 시간에 얼마나 만족하는가?   ◯

모두 적었는가? 좋다. 당신은 이미 새로운 인생 경영으로 향하는 첫걸음을 내디딘 것이다.

이제 점수의 합을 적어라.   총 _____ 점

점수가 7점 미만이라면 인생을 근본적으로 변화시킬 적기다. 오늘이라도 시작하라.

만족 목표를 세워라

우선 당신을 가장 괴롭히는 영역을 찾아라. 그리고 변화하고 싶은 것과 달성하고 싶은 것을 열거하라.

- 단기적으로(다음 4주 이내로)
- 중기적으로(다음 6개월 이내로)
- 장기적으로(내년까지 혹은 내년 이후로)

당신의 목표들을 최대한 정확히 그리고 상세히 기술하라. 당신의 목표가 달성 가능한 것인지 주의하여 살펴보라. 너무 높게 설정된 목표처럼 용기를 앗아 가는 것도 없다. 성과가 아니라 좌절을 얻게 될 것이다.

"당신이 할 수 있다고 생각한다면 당신은 할 수 있다.
그리고 당신이 할 수 없다고 생각한다면 당신은 할 수 없다."

| 헨리 포드Henry Ford |

만족으로 가는 길

다음은 만족으로 향하는 길들이다. 이 길들을 발견하여 서서히
당신의 일상에 통합하라.

■ 지금 당신의 인생을 살아라. 당신이 이제 일하지 않고 아이
  들이 장성했다면, 필요한 논을 가지고 있다면 소망을 뒤로
  미루지 마라. 그것은 순전히 시간 낭비이다.
■ 당신의 인생 비전을 찾아라. 당신이 누구이며 정말로 원하는
  것은 무엇인지를 인식하라. 개인적 인생 목표를 계발하라(7.
  "1단계: 비전과 모델 그리고 인생 목표를 발전시킨다"를 참조).
■ 자신에 대한 책임을 져라. 타인의 판단과 무관하게 당신이
  무엇을 하고 싶은지, 당신에게 무엇이 좋은지 결정하는 법을

배워라.

- 건강에 유념하라. 건강을 유지하기 위해 할 수 있는 모든 것을 하라. 이것이 균형 잡힌 인생을 위한 가장 중요한 전제이다.
- 사랑과 가족, 우정을 위한 시간을 만들어라.
- 자신의 속도로 살아라. 어떻게 해야 할지는 다음에 이어진다.

실천 팁

강요로부터 자신을 해방하고 성공해야 한다는 압박감을 줄여라. "~해야만 한다"라는 당위의 문장들과 이별하라. 긍정적으로 표현하라. "나는 만족해야 한다"라고 하지 말고 "나는 기꺼이 만족하고 싶다"라고 말하라.

자신의 속도 찾기

절대 잊지 마라. 당신이 고전적 시간 관리형이든 분산형이든 상관없다("당신은 분산형? 혹은 집중형?" 참조). 우리 시대의 추세는 속도와 축소, 직업적 요구와 개인적 욕구, 인생의 실재와 개인적 인생 목표 사이에 시간의 균형을 잡는 것이다. 미래의 시간 관리는 자기 관리와 능동적 인생 설계를 의미한다.

'찾는 이'

예전 한 '찾는 이'가 있었다. 그는 어떤 어려운 문제의 해결책을 찾을 수 없었다. 그는 점점 더 절망에 빠져 완고해지고 성급해졌다. 그러나 여전히 해결책을 찾지는 못했다.

'해결책' 쪽에서는 이미 헐떡거리고 있었다. '찾는 이'를 만나지 못했기 때문이다. '찾는 이'가 단숨에 여기저기를 빠르게 질주했다는 것을 생각하면 놀랄 만한 일도 아니었다.

어느 날 '찾는 이'는 완전히 지쳐 쓰러졌다. 그는 바위에 앉아 머리를 양손에 파묻고 절망했다.

'찾는 이'가 언젠가 멈출 것이라고는 생각지도 못한 '해결책'은 이제 최고로 힘을 내어 그의 위로 뛰어내렸다. '찾는 이'는 '해결책'을 받아 냈고 놀랍게도 문제의 해결책이 자신의 양손에 들어와 있음을 발견했다.

시간이 언제나 돈은 아니다. 시간은 삶이다. 당신이 할 수 있을 때 일과를 구속하는 갑갑한 시간 코르셋을 벗어 버려라. 정체된 습관들을 돌파하라. 사무실로 가는 길에서 마음껏 벗어나 보라. 남국

11. 균형 잡힌 삶을 위한 고집

의 분위기를 물씬 풍기며 삶의 기쁨을 뿜어내는 비스트로를 찾아
가 커피 한 잔을 즐기면 어떨까? 일은 늦어지겠지만 기분이 좋아
지고 동기 유발에 효과가 있을 것이다. 모든 일이 좀 더 쉬워질 것
이다. 작은 에움길을 가는 데는 시간이 들지 않는다. 오히려 그 반
대다. 당신은 시간을 얻었다!

무엇을 하든 상관없다. 내면의 리듬이 당신을 지휘하게 하라.

스트레스의 흔적을 따라서

"잠은 최고의 명상이다."

| 달라이 라마 |

제대로 다룰 수만 있다면 스트레스는 위협이 아니다. 오히려 유익
하다. 도전을 극복할 가능성이 되기도 한다. 당신은 최고의 실적을
올리기 위하여 어느 정도 스트레스가 필요한가? 어느 시점부터 스
트레스는 당신의 행복감에 부정적으로 작용하는가?

우선 무엇이 당신에게 스트레스를 주는지 의식하라. 스트레스
는 극단적으로 모호한 감정이다. 사람들은 극도로 긴장하지만 왜
그런지는 정확히 알지 못한다. 게다가 스트레스는 지극히 주관적
인 문제다. 모든 스트레스 상황은 개인적으로 생겨난다. 누군가에

게는 보스의 생일 파티에서 축하 연설을 한다는 것이 훈장이다. 반면 다른 누군가에게 그것은 공포 그 자체다. 그러므로 누가 또는 무엇이 스트레스를 유발하는지 분명히 이해하라. 슈퍼마켓 계산대의 대기 줄이 스트레스를 주는가? 장모님의 방문이나 호기심 많은 이웃이 원인인가? 아니면 매일매일의 교통 정체나 사랑하는 동료가 원인인가? 무엇이 당신을 괴롭히는지 열거하라. 스트레스의 원인, 불안감, 근심과 함께 스트레스 리스트를 상세히 작성하라. 지난 몇 주간 특히 당신의 힘과 에너지를 소모하게 한 모든 것을 기록하라. 개인적 스트레스의 원천을 발견해야 목적에 맞게 극복할 수 있다.

스트레스 때문에 힘든가?

1. 저녁이 되면 일일 과제 중 사소한 부분만을
   해냈다는 기분이 드는가?   예 ○ 아니오 ○
2. 저녁에 개인적으로 무언가를 더 하기에는 너무 피곤한가?
                                                  예 ○ 아니오 ○
3. 당신을 힘들게 하는 일을 생각하느라 잠을 이루지 못하는가?
                                                  예 ○ 아니오 ○
4. 잠에서 깨자마자 무조건 처리해야 할 일을 생각하는가?   예 ○ 아니오 ○
5. 자주 산만하고 잊어버리는가?   예 ○ 아니오 ○
6. 자주 피곤하고 무기력하다고 느끼는가?   예 ○ 아니오 ○
7. 항상 급하다고 느끼는가?   예 ○ 아니오 ○
8. 자주 모든 것이 너무 버겁다고 느끼는가?   예 ○ 아니오 ○

11. 균형 잡힌 삶을 위한 고집

9. 결정을 내리기가 어려운가?	예 ○	아니오 ○
10. 모든 것을 홀로 해내야 한다고 믿는가?	예 ○	아니오 ○
11. 자신을 위한 시간이 거의 없는가?	예 ○	아니오 ○
12. 종종 인내심을 잃고 화를 내는가?	예 ○	아니오 ○
13. 종종 성급하게 타인을 재촉하는가?	예 ○	아니오 ○
14. 제대로 푹 쉬기가 어려운가?	예 ○	아니오 ○
15. 인생의 낙이 없는가?	예 ○	아니오 ○

대부분 답이 '예'라면 개인적 스트레스 해소 프로그램을 시작할 절호의 타이밍이다. 이때 스트레스에 최대한 체계적으로 접근해야 한다.

- 개인적으로 힘든 상황을 추적하라.
- 불필요한 스트레스는 일관되게 피하라.
- 스트레스를 낮추거나 해소할 수단과 방법을 모색하라.

실천 팁

스트레스 카드를 작성하면 개인적 스트레스 요인들을 제대로 살펴볼 수 있다. 최대한 큰 종이를 골라서 한가운데에 '스트레스'라는 단어를 크게 써라.

종이의 가운데 부분은 스트레스의 중심을 상징한다. 밖으로 갈수록 스트레스는 줄어든다. 당신에게 스트레스를 주는 모든 것을 종이 위에 써 넣어라. 이때 스트레스 원인을 기록한 스트레스 리스트를 손에 쥐어라. 가장 스트레스를 주는 일들이 가운데 오고 덜 주는 것이 가장자리에 온다. 당신에게 매일 스트레스를 주는 모든 것을 표기하라. 스트레스 요소를 최소화하거나 완전히 차단할 방법이 있다면 마찬가지로 확실히 기록하라. 정기적으로 당신의 스트레스 카드를 새로 작성하라. 스트레스와의 싸움에서 좋아진 부분과 요지부동인 부분을 검토하라.

바닥짐 던져 버리기

개인적 스트레스 요인들을 개관해 보았다면 그중 몇 개 정도 줄일 수 있을지, 몇 개나 삶에서 완전히 몰아낼 수 있을지 생각해 보라. 이를 위해 먼저 당신에게 정말 중요한 것과 당신이 정말 달성하고 싶은 것을 찾아내야 한다. 스트레스에 시달리는 사람이 시야를 넓게 가지기는 어렵다. 목표를 분명히 확인하고 그에 따라 삶의 방향을 정하라.

- 직업상 혹은 개인적 생활상 어떤 목표를 추구할 것인가?
- 무엇을 달성하고 싶은가?
- 한 달 후, 1년 후, 5년 후에 어디에 있기를 원하는가?
- 나에게 정말 중요한 것은 무엇인가?

"시작은 쉽지만 지속은 예술이다."

| 독일 속담 |

무엇을 원하는지 정확히 파악하고 나서야 당신의 힘을 목적에 맞게 투입할 수 있다. 당신은 간단히 우선순위를 정하고 과제를 제출하면 된다. 부차적인 것들은 꾸준히 삭제하여 불필요한 과제와 책임을 더 이상 짊어지지 않도록 하라.

독일 극작가 쿠르트 투홀스키Kurt Tucholsky의 말을 명심하라. "'아니요'라고 크게 말하는 것보다 더 어려우며 더 개성적인 일은 없다." "아니요"라고 말할 용기를 가져라. 중요한 과제가 부과되면 무조건 플러스마이너스 제로(±0)의 규칙을 따르라. 새로운 과제 한 가지가 더해지면 낡은 과제 한 가지를 버려라. 하나를 빼기 전에는 절대 새 과제를 추가하지 마라!

스트레스 대처법

당연한 말이지만 스트레스는 피할 수는 없다. 원래 스트레스 자체는 문제가 되지 않는다. 문제는 스트레스를 받는 동안 스트레스를 덜어 내고 상쇄할 충분한 여지를 만들어 내지 못하는 데 있다. 이때 스트레스의 코를 납작하게 할 신속한 대처법들이 있다.

운동으로 심장을 뛰게 하라

스트레스에서 벗어나는 최고의 방법은 언제나 운동이다. 피곤하고 졸릴 때도 운동은 부정적 에너지를 덜어 내는 데 도움이 된다. 규칙적으로 매일 하는 게 가장 좋다. 특히 조깅, 수영, 자전거 타기, 걷기 등과 같은 지구력 운동이 스트레스 제거에 적절하다. 이때도 운동이 다시 스트레스가 돼서는 안 된다. 시간과 기록의 압박하에 자신을 두지 마라!

일상에서도 운동이 될 만한 활동을 모두 이용해 보자. 예를 들어 계단을 이용한다든가 점심 식사 후 산책을 해 보자. 통화할 때서서 하면 척추 건강에 좋을 것이다. 당신의 목소리는 맑고 힘차게 울릴 것이다.

실천 팁

규칙적으로 당신의 몸을 움직여라. 걷기나 자전거 타기처럼 천천히 움직이는 지구력 운동으로 시작하라. 그렇게 하면 몸은 스트레스 호르몬을 더 잘 제거할 수 있을 것이다. 몇 주 지나지 않아 당신은 다음과 같은 체험을 할 것이다.

- 심장 박동이 안정된다.
- 혈압이 정상화된다.
- 머리가 가벼워진다.
- 수면의 질이 좋아진다.
- 좀 더 의연해지고 기분이 좋아진다.
- 면역 체계가 회복되고 신체 감각이 개선된다.

그리고 마사지를 받아라. 몸이 이완되면서 긴장이 풀릴 것이다.

걱정거리를 바람에 날려 보내라

가능한 한 자주 자연으로 나가라. 신선한 공기는 스트레스에 대항하는 진정한 기적의 수단이다. 걱정거리를 바람에 날려 보내고 대신 태양의 에너지를 담아라. 잊지 마라. 일하는 동안에도 신선한 공기를 충분히 들이켜고 창문을 자주 열어라.

스트레스에 관해 말하라

스트레스에 관해 떠들어 보라. 선의라지만 별 쓸데없는 충고로 당신을 짜증 나게 하지 않는 청취자를 찾아라. 그렇다고 친구나 동료에게 신세 한탄이나 하는 수다쟁이가 되라는 것은 아니다.

나와 친한 한 경영인은 자신의 차 안에서 스트레스에 관해 즐겨 떠든다. 그는 특히 스트레스를 받았을 때 주차장으로 가서 가상의 대화 상대와 함께 욕하고 비난한다. 휴대전화 시대이므로 이상해 보일 일은 없다. 자신과의 대화를 깔끔하게 마친 뒤에 차 문을 열어 환기한 다음 훨씬 경쾌한 기분으로 차를 몰고 떠난다. 당신도 이렇게 해 보면 어떨까?

웃어라

웃음은 건강에 좋고 스트레스에도 탁월한 효과가 있다. 행복 호르몬의 분비 때문만은 아니다. 웃음은 스트레스 호르몬인 아드레날린과 코르티솔 분비를 억제한다. 게다가 웃음은 산소를 더 잘 흡수하게 해 준다. 웃으면서 자연스럽게 숨을 더 깊이 들이마시게 된다. 폐에서 교환되는 가스의 양이 네 배가 된다. 웃음은 우리를 행복하게 한다. 입증된 바에 따르면 1분의 미소는 기분을 끌어올린다. 그러니 계속 웃어라!

225

신경을 꺼라

고요한 시간을 가져 보라. 짧은 작전 타임을 가져라. 이 시간을
TV 앞에서 보내지 말자. 정신을 고요하게 하라. 뇌에 새로운 그림
과 정보를 너무 많이 입력시키지 마라. 의식적으로 신경을 꺼라.

휴식처를 마련하라. 반드시 자신의 방일 필요는 없다. 편안한 소
파라던가 해먹으로도 충분하다. 일은 절대 안 된다. 서류철이 없어
야 스트레스도 없다. 휴식처는 느긋함만을 위한 공간이어야 한다.

휴식이 필요하다

두 시간 정도 일하면 능률 곡선은 급격히 하락한다. 이를 위한
이상적인 휴식 시간은 20분이다. 그런데 누가 그만큼 쉴 수 있겠
는가? 다만 몇 분이라도 긴장을 풀어야 한다. 일어나 몇 걸음 걸으
며 어깨를 풀어라.

중요한 것은 긴 휴식이다. 적어도 1년에 한 번, 2~3주간 휴가
를 내서 마음껏 즐겨라. 그리고 다시 한번 긴 주말 연휴나 짧은 휴
가를 보내라.

잘 먹자

스트레스는 몸에서 비타민과 미네랄을 앗아 간다. 스트레스 상
황에서는 신선한 과일과 통밀 제품, 채소를 섭취하자. 두세 시간마
다 요구르트, 통밀 과자, 바나나로 짧은 간식 시간을 가져라. 그렇

게 해서 막대한 양의 칼로리를 섭취하지 않고도 다음 식사 때까지 공복을 다스릴 수 있다. 때때로 햄버거를 먹는다면 반대하지는 않겠지만 매일같이 패스트푸드로 식사를 해서는 안 된다.

의식적으로, 다양하게, 무엇보다도 즐겁게 먹어야 한다. 식사에 시간을 충분히 할애하라. 그냥 씹어 삼키기만 할 뿐이라면 최고의 건강 식단도 소용없다.

하루에 물 2리터를 마셔라

우리는 물을 너무 적게 마신다. 물은 스트레스에 대한 영약이다. 적어도 매일 2리터의 물을 마셔라. 물은 틀림없이 신체에서 스트레스를 씻어 낼 것이다. 물로 신경계를 속일 수도 있다. 물 한 잔을 최대한 빨리 마셔 보라. 목 넘김을 통해 긴장 이완을 담당하는 신경인 부교감 신경이 자극된다. 바로 긴장이 풀릴 것이다. 정수기를 설치하자고 회사에 요청할 수도 있을 것이다. 가능하다면 모두들 가장 자주 오가는 장소에 설치하라. 오가면서 한 모금씩 넘기다 보면 하루 섭취량을 채울 수 있다.

11. 균형 잡힌 삶을 위한 고집

전신욕을 하라

스트레스로 가득 찬 날을 마무리하는 이상적 방법은 전신욕이다. 욕실을 쾌적한 오아시스로 바꾸어 보라. 증기 램프나 촛불이 있다면 천상의 분위기를 만들 수도 있다. 아늑한 온기와 향기로운 입욕제는 영혼을 위한 향유가 된다. 즐겨 읽는 책을 가지고 욕조에 들어가 달콤한 시간을 가져 보라.

호흡에 집중하라

스트레스를 받으면 호흡이 얕아진다. 자연히 신체에 전달되는 산소의 양도 줄어든다. 스트레스 상황에서는 숨을 의식하면서 마시고 뱉어라. 이렇게 하면 산소로 샤워하는 것과 같은 효과를 얻는다. 중요한 것은 날숨이다. 의식적인 긴 날숨은 혈액 속 칼슘 수치를 상승시키며 당신을 고요히 이완시킨다. 10에서 15초에 걸쳐 매우 천천히, 깊게 숨을 뱉어 보라. 호흡에 집중하라.

아무리 완벽히 시간을 배분해도, 아무리 많은 스트레스 제거법을 사용해도 스트레스 없이 나아갈 수는 없다. 일정량의 스트레스는 정신을 깨우고 신체를 활성화해 난제를 극복하는 데 필요한 힘을 준다. 그래도 지속되는 스트레스는 안 된다!

스트레스가 절로 누그러질 것이라고 기대하지 마라. 그리고 스트레스를 몰아내려고만 하지 말고 의식적으로 그것에 맞서라. 스트레스의 나선을 돌파하라. 스트레스가 스트레스를 불러와 당신의 휴식을 방해하게 해서는 안 된다.

11. 균형 잡힌 삶을 위한 고집

행복으로 가는 길

"매일이 새 날이라는 것이 나의 철학이다."

| 앤디 워홀Andy Warhol |

너무 많은 스트레스는 성공을 방해하고 관계를 갉아먹으며 우리를 병들게 한다. 적당한 스트레스는 우리의 몸과 정신을 활성화해 최고의 실적에 이르게 해 준다. '적당한 스트레스'의 '적당한 양'을 어떻게 찾을 수 있을까?

스트레스에서 몰입으로

유스트레스Eustress라고 불리는 긍정적 스트레스는 우리에게 에너지를 실어 주고 창조 충동에 불을 붙여 집중하게 한다. 유스트레스는 거대한 창조성을 해방해 우리를 기쁨과 낙관으로 채워 준다. 순수한 행복감이다. 우리는 일과 동화된다. 느끼고, 원하고, 생각하는 것이 조화를 이루게 된다. 모든 일이 저절로 이뤄지는 듯 보인다. 주위의 모든 것이 한데 어우러져 근심이나 시간은 아무런 역할도 하지 못한다. 자신과 주변 환경이 하나가 된 듯 느껴진다. 도전과 능력이 조화를 이룬다. 성과를 내고 즐긴다.

이와 같은 감정을 알고 있는가? 취미나 운동에 몰두하는 사람들이 경험하는 감정이다. 이 매혹적인 행복의 순간을 헝가리 심리학자 미하이 칙센트미하이Mihaly Csikszentmihalyi는 '몰입flow'이라고 명명했다. 칙센트미하이는 전 세계에 걸친 다년간의 정력적 연구로 이 특수한 행복의 형태를 파악하는 데 전념했다.

도전을 맞이하여 어느 정도 스트레스를 받지만 이 스트레스가 우위를 점하지 않을 때만 몰입을 체험한다. 스트레스를 의연하게 맞이할 수 있을 때 우리는 가장 효율적으로 살 수 있다. 몰입에 도달하기 위한 이상적 출발점에 서는 것이다.

231

몰입의 발견

- 정말 원하는 것이 무엇인지를 인식하라. 당신의 보스, 배우자(연인), 친구, 자녀가 아니라 개인적으로 원하는 것 말이다. 직업적이든 개인적이든 당신에게 즐거움을 주는 도전을 찾아라. '고집스러워'져라.
- 분명하고 현실적인 목표를 설정하라. 역량을 전부 발휘하여 목표에 착수하라. 능력을 최소한 조금은 넘어서는 도전을 해야 한다. 과제를 극복하기 위해 전력을 다하도록 압박받을 정도여야 한다. 단, 그것이 지나친 수준이 되어서는 안 된다.
- 힘을 분산시키지 마라. 때로는 더 적은 것이 더 많은 것이다. 여러 가지 일을 미지근하게 진행하기보다 하나의 일에 적극 매진하라. 당신의 장점에 집중하라.
- 잊지 말고 피드백을 계획하라! 피드백은 통제에 유용할 뿐 아니라 성공의 체험을 얻게 해 준다. 가장 간명한 방식은 스스로 부분적 목표를 설정하는 것이다.
- 통제력을 유지하라. 당신은 무엇을 해야 할지 알고 있다. 모든 것이 언제나 계획대로 흘러가지 않는다는 점도 알아야 한다. 바로 이 인식이 에너지와 집중력을 좀 더 이끌어 낸다.
- 경로를 이탈하지 마라. 지금 하는 일에 온전히 집중하라.
- 아무리 작은 성과라도 축하하라. 그렇게 하면 겉보기에 단순한 일을 완수해 낸 것만으로도 당신은 성장하게 된다.
- 몸과 마음의 평안을 유지하라. 평안한 기분인 사람만이 몰입에 도달할 수 있다.
- 자유 시간에만 몰입을 찾으려 하지 마라. 연구들이 입증하는 바에 따르면 많은 사람이 일하면서 몰입을 체험한다.

232

몰입은 성공의 비밀

성공하는 사람들은 몰입 체험을 늘린다. 다음과 같은 이유 때문이다.

- 모든 일을 열정적으로 수행한다.
- 성공은 앞에 있는 것이 아니라 자신이 만드는 것이다.
- 새로운 도전에서 기쁨을 얻는다.
- 자신의 장점을 알고 있기에 약점도 받아들인다.
- 긍정적 인생관을 가지고 있으며 승자의 아우라를 풍긴다.

주의할 점이 있다. 한번 몰입을 체험하면 점점 더 많은 것을 원하는 위험에 빠질 수 있다. 이는 정기적으로 금단 현상을 초래할 수 있어 빈번한 과몰입을 일으킬 수 있다. 따라서 우리의 행복을 몰입 체험으로 환원하지 말아야 한다. 몰입의 높아진 기대감의 압박으로 인해 휴가, 축제, 자유 시간의 활동, 성공 체험 등은 행복과 관계된 상투적 표현이 되어 버리기 쉽다. 그 표현도 이미 통용되고 있는 상투어의 지겨운 표절이 되어 버리는 것이다. 그렇게 되면 행복 사냥은 실망, 권태, 탈진과 함께 종료된다.

당신의 행복을 방해하지 마라

"행복의 기술은 제한에 있다."

| 빌헬름 슈미트Wilhelm Schmidt(언어학자·민속학자) |

그토록 많은 사람이 행복을 좇으면서도 결코 행복에 이르지 못했다고 느끼는 이유는 무엇일까? 행복의 기대치 자체가 너무 높기 때문일지도 모른다.

우리는 지속 가능한 행복을 추구한다. 우리는 또한 인생에 고통과 슬픔의 자리를 마련해 두려 하지 않는다. 오직 행복만을 추구하면 행복해질 수 없다. 행복은 어쩌면 매우 단순한 것일지도 모른다. 내면의 목소리를 듣는다면 자신에게 진정 필요한 것이 무엇인지 알 수 있다. 그것은 대부분 처음 생각했던 것보다 훨씬 소박한 경우가 많다. 과도함은 알다시피 불행을 가져온다. 승용차 두 대, TV 세 대, 시계 다섯 개, 과적된 책상, 빽빽이 차 있는 다이어리 등 자신 주위에 많은 것을 가져다 두는 사람은 정작 행복을 위한 공간을 마련하지 못한다. 많은 일, 많은 과제, 많은 사람의 북적거림 등은 행복을 가져오는 것이 아니라 스트레스를 만들어 낸다.

우리가 인생에서 단순한 일들을 갈수록 더 갈망하는 까닭은 무엇일까? 반反소비, 미니멀리즘, 금욕과는 별로 상관없다. 그것은 느슨한 삶, 말하자면 의미가 다시 한번 자리 잡는 인생에 대한 열망이다. 성공, 명망, 소유와 같은 거대한 인생 목표가 행복과 동의어가 아님을 점점 더 많은 이들이 확인하고 있다. 하지만 대부분은 인간관계가 파탄 난 후에야, 긴급한 상황에서 진정한 친구를 찾지 못하고 나서야, 신체가 건강에 대한 경고음을 크게 울리고 나서야 이를 깨닫게 된다.

235

당신에게 행복은 무엇인가?

당신이 자신의 '행복 대장장이'인지를 알아보는 데 다음 행복 테스트가 도움이 될 것이다. 각각의 질문에 아래에서 해당하는 답변을 선택해 점수를 매겨라.

항상 그렇다: 2점
자주 그렇다: 1점
그렇지 않다: 0점

1. 부를 추구하는가? 많은 돈이 행복하게 해 줄 것이라고 믿는가?   ○
2. 멋진 물건을 즐기는가? 예컨대 극장이나 영화관에 가는 것보다 첨단 TV가 장기적으로 보다 많은 기쁨을 줄 것이라고 믿는가?   ○
3. 당신의 목표와 생활 형편을 타인들의 그것과 비교하는가? 물질적 형편이 나은 사람들의 삶을 지향하는 편이 당신에게 도움이 된다고 믿는가?   ○
4. 직업에서 좀 더 성공하고 싶은가? 승진이 당신을 좀 더 행복하게 해 줄 것이라고 믿는가?   ○
5. 모든 위험을 정확히 검토하는가? 안전한 길을 갈 때보다 행복하게 살 수 있다고 믿는가?   ○
6. 파티나 사교 모임을 자주 갖는가? 많은 수의 지인들이 당신의 행복에 이바지한다고 믿는가?   ○

이제 점수의 합을 적어라.   총 _____ 점

- 6점 미만의 점수를 얻었다면 축하한다! 당신은 행복을 잘 가꾸고 있다.
- 6점 이상이라면 무조건 이 책을 더 읽어라. 행복을 어떻게 추구해야 할지 깨닫기 위해서다.

행복으로 가는 길의 장애물

행복을 얻기 위해 무언가 하는 것은 중요하다. 행복을 방해하는 장애물을 피하는 것도 마찬가지로 중요하다. 다음과 같은 것들이 행복을 방해할 수 있다.

모든 것을 원하는 것. 행복을 살 수는 없다. 두둑한 은행 잔고와 많은 명품은 행복한 인생을 보장해 주지 않는다. 터무니없이 비싼 스포츠카조차 조만간 한 대의 자동차에 불과해질 것이다. 진정한 행복은 단순한 일들에서 얻는 기쁨에서 찾을 수 있다. 그것들은 대개 돈으로 살 수 없는 것들이다.

질투. 자신보다 경제적으로 형편이 좋은 사람들에게 질투로 가득 찬 시선을 보내 봐야 절대로 행복해지지 않는다. 아마도 질투야말로 지속적인 불행의 보증 수표일 것이다. 당신보다 덜 가진 사람들을 바라보고 당신의 형편이 나은 데 감사하라. 감사하는 마음이야말로 행복의 열쇠다.

달성할 수 없는 목표. 너무 높이 세운 목표는 성공이 아니라 불행으로 직접 이어진다. 당신의 역량이나 시간적·재정적 가능성에 상응하지 않는 목표는 세우지 마라. 실망할 때마다 목표를 달성하겠다는 의욕이 조금씩 사라진다. 결국 행복 대신 좌절만 남는다.

안전 우선의 심리. 무언가를 과감히 시도하지 않는다면 확실히 위험은 감소한다. 심리학자들에 따르면 언제나 안전한 길만 걷는다면 위험은 없겠지만 행복감도 없다고 한다. 실패하지 않는 사람은 자신을 발전시키지 못하며 행복해질 수도 없다. 용기를 북돋아 주고 스스로를 신뢰하게 하는 자신의 장점을 경험할 수 없기 때문이다. 행복을 위해 한 번 정도는 모험을 해 보라.

나쁜 친구. 피상적 교우 관계로 둘러싸여 있는 사람에게서 행복은 절박한 위험에 처한다. 진정한 우정만이 정서적 안정감을 매개해 준다. 진정한 우정만이 행복으로 이어지는 것이다. 영감과 의욕을 주는 사람들로 당신을 에워싸라. 투덜이 불평꾼들은 영원히 피하라.

행복해지기 위해 "네"라고 말하라

"행복은 자신을 위해서 추구된다. 반면 행복을 가져다줄 것으로 생각하는 그 밖의 목표,
즉 건강, 아름다움, 돈 또는 권력은 그저 그 가치만 인정될 뿐이다."

| 아리스토텔레스 |

행복을 가지려면 고귀한 힘의 도움을 받아야 한다고 많은 사람이
믿는다. 하지만 행복은 우연도 운명도 아니다. 열심히 쟁취해야만
하는 무엇이다. 버튼을 눌러서 행복을 불러올 수는 없으며 억지로
붙잡을 수는 더더욱 없다. 유감스럽게도 행복은 스냅숏처럼 찰나
에 존재한다. 그러므로 우리는 계속해서 새로운 행복을 찾기 위해
노력해야 한다. 행복은 운에 좌우되는 것이 아니다. 행복은 누구에
게나 열려 있고 그야말로 곳곳에 있다. 자신을 위해 행복을 발견해
야 한다. 바로 지금 여기에서!

행복이라 해도 다 같은 행복이 아니다. 누군가에게는 순수한 행복이 다른 사람에게는 우울한 것일 수 있다. 바람을 맞으며 대서양에서 하는 서핑은 당신에게 행복인가, 아니면 두려움인가?

당연히 행복한 미래를 기대할 수 있다. 그렇다고 행복을 미래로 미룬다는 뜻이 아니다. 승진, 일생의 사랑, 로또 1등 같은 것을 기다리지 마라. 지금 여기서 당신의 행복을 찾아라. 일상의 아름다운 일들에서 기쁨을 얻어라. 진심이 담긴 찬사, 멋진 저녁 식사, 사교 모임에서의 유쾌한 오후 같은 것에서 말이다.

작은 기쁨과 좋은 기쁨이 신분적 상징보다 중요하다. 지난 수십 년간 서구 세계의 복지 수준은 어마어마하게 상승했다. 하지만 오늘날 인간은 30, 40년 전보다 행복하지 않다. 집, 자동차, 명품 옷도 마찬가지로 행복의 보증 수표가 아니다. 우리는 갈수록 더 많은 것을 원하지만 원하는 것을 얻더라도 언제나 기쁘지는 않다. 우리

가 종종 부주의하게 지나쳐 가는 작은 것들 안에 행복이 있다. 그러니 당신의 주변을 열린 눈으로 관찰하라. 정원의 꽃, 지저귀는 새, 빵을 사 오며 보게 되는 해돋이 같은 것들을 보라. 행복은 그렇게나 단순한 것일 수 있다.

실천 팁

적어도 한 달 정도 어떻게 느꼈는지 '느낌 일기'를 써 보자. 어떤 특정한 상황, 장소, 사람에게서 어떤 감정이 생기는지 확실히 파악하라. 당신이 좋다고 느낀 모든 순간을 기록하라. 예컨대 몇 주간 몰두하던 프로젝트를 성공적으로 완료했을 때나 공원 벤치에서 당신 아이들의 체취를 다시 느꼈던 순간, 평온했던 여름휴가의 나날들이 눈앞에 되살아난 순간, 오랜만에 만난 옛 이웃과 카푸치노를 나누던 순간 등을 기록하라. 단, 자신에게 정직해야 한다. 축구 중계를 보고 싶은 마음이 훨씬 컸지만 식사 초대를 하게 된 것도 기록하라.

'느낌 일기' 덕분에 당신은 언제, 어디서 그리고 누구와 함께 있을 때 가장 행복한지를 알 수 있다. 무엇이 또는 누가 당신에게 가장 의욕을 주는지, 당신의 자존감이 언제 특히 높은지, 무엇이 당신을 슬프거나 분노하게 하는지, 무엇이 당신의 의욕을 앗아가는지를 발견하게 된다.

즐거워지는 데는 많은 것이 필요하지 않다

불만이 대세다. 완벽은 모든 것의 척도다. 최고는 넘쳐난다. 가진 것에 만족하는 경우가 드물다. 만족하지 못하면 행복해질 수 없다.

한 번 더 소박하게 자문해 보라. 당신이 원하는 모든 것은 당신에게 정말 필요한 것인가? 대개 아니라는 것을 알게 된다.

기분 전환으로 행복해질 수 있을지 생각해 보자. 헷갈릴 것이다. 학자들이 밝혀낸 바에 따르면 새로움은 우리에게 잠깐의 흥분만 느끼게 할 뿐이다. 도리어 언뜻 지루해 보이는 요리나 유도 강좌, 단골 카페에서의 모임 같은 것들이 순수한 행복을 보장해 준다. 이 습관들에 서서히 익숙해지면서 얻게 되는 기대감이 우리를 행복하게 한다. 그러므로 행복에 일정을 부여하라. 일상을 정렬하여 당신을 즐겁게 해 주는 무언가와 항상 함께하라.

자신의 울분을 소리 내어 토로하여 해방감을 느끼기도 한다. 하지만 순간일 뿐, 장기적으로는 부정적 감정의 노예가 될 것이다.

용기를 가지고 의연해져라. 달리 변화시킬 수 없는 것들은 감수하라. 시간이 지나면 좋은 일이 생길 것이라고 기대하라. 의연한 사람은 자신의 인생을 유머러스하게 관찰할 수 있다. 그리고 웃는 사람은 자신의 행복을 찾는 최선의 길 위에 서게 된다.

일간지의 가벼운 기사를 대강 훑어보거나 편안하게 앉아서 TV를 보는 것은 행복과 거리가 먼 일이다! 미디어를 통해 보도되는 뉴스는 재해, 살인, 폭력 등에 관한 것이 대부분이다. 악영향을 미치는 것들이다. 그러니 부정적 뉴스를 최대한 멀리하라. 어떤 경우에도 잠자리에 들기 전에 뉴스를 보지 마라. 대신 긴장을 풀어 주는 음악을 듣거나 기분을 좋게 하는 책을 몇 페이지 읽어라.

아무것도 하지 말고 그저 긴장을 풀라. 이것이 무슨 행복이냐고? 그 반대다. 조만간 우리는 지루함에 잠기게 된다. 모든 것이 행복과는 다르다. 다만 뇌가 활동하면서 행복 호르몬을 생산해 행복 쪽으로 진로를 정하게 된다. 그러니 당신의 행복에게 암시를 주어라. 스포츠를 하면서, 정원을 가꾸면서, 산책하면서 말이다. 목표를 너무 높게 잡아서는 안 된다. 성과에 대한 압박을 받게 된다. 그러면 행복은 기회를 얻지 못한다.

실천 팁

행복을 위한 서랍을 비워 놓아라. 집이건 사무실이건 상관없다. 행복 서랍을 당신만의 행운의 마스코트로 채워라. 당신이 좋아하는 음식, 맘에 드는 사진, 좋은 친구에게서 온 편지 같은 것으로 채워라. 기분이 좋지 않을 때마다 이 행복 서랍 속을 뒤진다면 금세 괜찮아질 것이다.

세계적 베스트셀러 《먹고 기도하고 사랑하라》의 저자 엘리자베스 길버트Elizabeth Gilbert처럼 해 볼 수도 있다. 매일 저녁 그녀는 종이 한 장(메모지, 신문 조각 또는 계산서 등 무엇이든 괜찮다)에 그날 하루 가장 행복했던 순간을 적는다. 그러고 나서 쪽지를 행복 단지라고 명명한 큰 유리컵에 던져 넣는다. 이렇게 하는 데는 1분도 걸리지 않지만 거기에는 금쪽같은 가치가 있다. 최악의 날에도 좋았던 순간이 있다고 엘리자베스 길버트는 말한다. 좋은 순간을 기대하며 우리의 사유는 어려웠던 일들에서 인생의 아름다움으로 인도된다. 당신이 정서적으로 힘들어졌을 때 유리컵 안에 손을 넣고 예전에 무엇이 당신의 가슴을 기쁨으로 채워 주었는지 찾아보라. 행복은 조용히 다가온다는 것을 확인하게 될 것이다. 친구들의 미소, 아름다운 일몰 풍경 또는 감동적인 음악 같은 가장 단순한 것들이 가끔은 우리를 행복하게 한다.

행복에 기회를 주자

남들이 나보다 더 행복하다는 생각은 옳지 않다. 다만 행복한 사람들은 자기 인생의 어두운 측면을 남들과 다른 방식으로 다룬다. 행복한 사람들은 "왜 하필 내게 이런 일이 일어난 거지?"라고 묻지 않는다. 대신 문제를 자기 인생의 일부로 받아들일 준비가 되어 있다. 그들은 문제로부터 도망치지 않으며 적절한 수준의 자신감을 가지고 어려운 문제들을 다룬다. 해결된 모든 문제는 삶의 목표에 한 걸음 더 다가가게 해 준다. 이 점을 행복한 사람들은 알고 있다.

오늘이라도 당신의 인생 비전, 즉 '단순하게 행복해지기'가 요구하는 변화에 착수하라. 새롭게 다가올 행복한 순간들을 위하여 그 전제를 창출하자. 행복은 당신의 손안에 온전히 놓여 있다.

느림의 발견

"성인은 무위로써 일을 처리하고 불언으로써 가르침을 행한다."

| 노자 |

"서둘러 가려다 오히려 이르지 못한다欲速則不達." 중국의 철학자 공자가 한 말이다. 노자는 한 걸음 더 나아간다. "성인은 무위로써 일을 처리하고 불언으로써 가르침을 행한다是以聖人處無爲之事, 行不言之教"《도덕경》43장). 역설처럼 들리지 않는가? 이 문장을 이해하기 위해 중국 철학인 도가道家의 근본 원리를 음미해 볼 가치가 있다. '無爲(무위)'는 '무위로 행위'를 한다는 의미다. '아무것도 하지 않는 것'은 현실 도피, 아무것도 하지 않기 혹은 게으름 피우기와는 관계가 없다. 소파에 앉아서 기회가 저절로 굴러들어 올 때까지의 기다림을 말하는 것도 아니다.

'무위'란 삶을 정원사처럼 보도록 격려하는 일종의 정신 태도이다. 정원사는 주의 깊게, 조심스럽게 식물을 돌보고 올바른 시기에 필요한 조처를 한다. 씨를 뿌리고, 물을 주며, 잡초를 뽑아 주고, 수확을 한다. 정원사는 식물을 빨리 키우려 잎을 잡아당기지 않는다. 자신의 역할은 자연 스스로 성장하게 도와주는 것임을 알고 있기 때문이다. 불필요한 간섭이나 방해를 하지 않는 것이다.

억압과 스트레스 상황에 처하면, 그대로 내버려 두려는 내면의 태연함이 심판대에 오른다. 상사와의 논쟁, 동료나 친구와의 말다툼, 기다려야 하는 계약 등 이런 복잡한 상황에서 대부분 사람은 두 가지 반응을 보인다. 문제 상황을 애써 마음에서 몰아내거나 즉각 해결하려 한다. 애써 마음에서 몰아내려 할수록 배압背壓도 강해져 역류한다. 악순환이 시작되는 것이다.

적당한 시기를 기다린다

한마디로 '무위'는 우리에게 제3의 길을 개척할 가능성을 열어 놓는다. 말하자면 적극적 수동성의 길이다. 이는 곧 개입하는 것이 아니라 주의를 기울여 관찰하고 숙고하며 일이 좋은 방향으로 진척되리라 믿고 기다리는 것이다. 이런 열린 마음과 신중함은 충격으로 경직되거나 맹목적 행동주의로 떨어지는 대신, 적절한 시간에 올바르게 행동할 수 있게 한다. 상황을 무시하거나 무리하게 간섭하려 하지 않는다면 마법처럼 많은 일이 저절로 마무리되기도 한다.

247

　급할수록 돌아간다는 말은 일정한 목적을 지닌 무위로 자신의 행동반경을 더 크게 한다는 의미다. 우리는 문제 해결을 위한 새로운 관점이 나타날 때까지 오랫동안 기다려야 한다. 뇌가 어떻게 기능하는지를 상기해 보자("좌뇌형과 우뇌형" 참조). 과도한 자극을 처리하기 위해 정적과 느림이 필요하다. '무위'의 태도로 당신은 뷰카 세상의 스트레스와 정보들을 제어하기 위한 태연무심泰然無心에 도달하게 된다. 뇌에 필요한 내면적 거리감을 두는 것이다. '무위'는 일상의 문제와 도전을 확장된 시야와 열린 마음으로 고찰하도록 이끈다. 삶은 단순하지만 우리가 복잡하게 만드는 것이다.

　일정한 목적을 지닌 무위를 어려운 순간에 실천하기 위해서는 전략이 필요하다. 다음의 4단계가 판단 중지라는 창조적 절차를 발견하는 데 도움을 준다.

1. 깊이 숨을 쉬고, 고요함을 유지하라.

한 고객이 당신에게 난폭한 어조로 불만을 토로하는 메일을 보내왔다. 참조 수신인에 분명 상사도 있을 것이다. 이때 안간힘을 다해 정당화하기 위해 곧바로 상사가 있는 사무실로 달려가겠는가? 아니면 짜증난 상태에서 고객에게 회신하는 악의에 찬 메일을 작성하겠는가? 일단 아무것도 하지 말자. 눈을 감은 채 소파에 등대고 앉아 호흡을 가다듬는다(다음의 실천 팁을 보라). 혹은 15분 정도 신선한 공기로 긴장을 완화해 보자. 짜증과 좌절은 결국 소중한 시간과 에너지를 그 대가로 치른다. 하지만 이 잠시의 우회는 당신의 기분에 기적을 가져올 것이다.

2. 멈춰서 관찰한다.

안정되고 사안에 대한 거리가 생기면 메일을 한 번 더 읽어 보고 다음을 곰곰이 생각해 보자. 정확히 무엇이 고객을 그렇게 화나게 했을까? 왜 그 고객은 나와 상사에게 메일을 보낼 정도

로 분개했을까? 혹시 알게 모르게 내가 이 분노를 일으키는 데
기여했을까? 경우에 따라선 무언가 이전 이야기가 있을까? 고
객이 화난 이유를 이해하기 위해 고객의 입장이 되어 볼까? 이
잠시의 우회가 이해를 위한 공간을 만든다.

3. 평가하지 마라.

부정적인 것에 눈을 돌리지 말고 숙고하는 동안 가능한 중립이
되려고 노력하라. "이런 멍청이!", "그렇게 빠져나가려고!" 혹
은 "그는 단지 좌절하고 있는 거야"와 같은 평가는 뇌에 가하
는 스트레스다. 차라리 다음과 같이 묻자. 어떻게 이 갈등이 악
화하는 상황을 피할 수 있을까? 아무튼 지금 무엇을 해야만 하
는가? 상황이 악화되지 않게 무엇을 할 수 있을까? 이 잠시의
우회로 해결의 실마리를 잡을 수 있다.

4. 현재에 남아 있어라.

상황에 대응하기 위한 바른 순간, 즉 기분이 안정될 때까지 기다려라. 5분 동안 메일함을 점검하는 대신 잠잠해지면 상사에게 제시할 해결 방법을 차분히 기획하라. 상사가 이미 회신하라고 할지도 모르겠지만 말이다. 상사는 당신의 문제에 대한 건설적 접근에 감명받을 것이다. 이 잠시의 우회가 상호일치를 마련할 것이다.

실천 팁

무위의 원리를 일상에서 실천할 수 있다.

- 깊고 느리게 호흡하라. 의식적 호흡은 심신을 안정시키고, 지각 능력을 명료하게 해 준다. 조용한 장소에 앉아 눈을 감고 호흡을 느리게 하라. 호흡을 3초에서 5초까지 멈추어라. 그리고 숨을 뱉고 다시 마시기 전까지 3초에서 5초를 멈추어라. 1분 정도의 사이클로 반복하는 이와 같은 호흡법은 무엇보다도 심장 박동과 스트레스 제어를 담당하는 교감 신경계에 긍정적인 영향을 미친다. 호흡이 안정되면 3분에서 5분 정도 혹은 더 오래 호흡법을 연습해 보자.

13. 느림의 발견

- 귀찮은 의무감은 그냥 놓아 버리자. 금요일 저녁에는 쌓아 둔 세탁물을 잊어 보면 어떨까? 주말 전에 모든 일을 처리하고 싶은가? 끝내야 할 과제라는 생각을 놓아 버려라. 거리낌 없이 의도적인 휴식을 허용하라. 다음 날 훨씬 상쾌한 기분으로 일을 쉽게 진행할 수 있을 것이다. 심지어 당신이 쉬는 동안 누군가가 그 일을 처리할지도 모를 일이다.
- 평가 다이어트를 해 보자. 절대 평가하지 않고 모든 것을 가치 중립적으로 보는 날을 하루 만들자. 별 의미가 없어 보이지만 그렇지 않다. 한번 24시간 동안 부정적인 어떤 것도 생각하지 말고 다른 사람을 생각이나 말로 평가 혹은 판단하지 말자. 단순히 무슨 일이 일어나는지, 동료가 무슨 말을 하며 어떻게 행동하는지를 보기만 하자. 이를 당신에게도 적용해 보자. 당신은 얼마나 편견 없이 생각하고 말하고 있을까? 당신의 자기비판 경향은 어떤가? 자신에게 관대한가? 끝까지 견디는 것은 가치 있는 일이다. 당신은 이미 변화된 지각이 환경에 긍정적 영향을 끼친다는 것을 확인했기 때문이다.

앞에서 고안된 도구로 세운 시간 계획은 목표를 향해 가는 길에 지켜야 할 의무에 가깝다. 하지만 자유 항목을 등한시해서는 안 된다. '무위'는 시끄럽고 바쁜 일상에서 길가에 핀 꽃을, 삶이 주는 행운을 포착하는 기술이다. 균형과 조화라는 도가의 사상은 심장병 치료제와 같다. 실제 삶에서 생각해야 할 것과 지속해야 할 것을 깨닫기 위해 당신은 멈출 수 있기 때문이다. 바쁠수록 우리는 점점 더 균형에서 벗어나고 자신을 소외시킬 위험에 빠진다. 분주함은 창조의 잠재력과 삶의 즐거움을 차단한다. 인간은 자아를 발전시켜 최선을 다해 자신의 능력을 발휘하는 것을 목표로 삼기 때문이다.

현명한 시간 관리자에게 '무위'는 속도를 늦추고 세상을 주의 깊게 바라보며, 조화를 추구하고 새로운 가능성에 항상 열려 있음을 의미한다.

일정한 목표를 지닌 '무위'라는 도가의 태도는 즐겁게 놀이하듯 큰 도전의 방향을 가리키는 나침반과 같은 것이다. '무위'가 상기시키는 기회의 순간은 어제도 내일도 아닌 바로 지금이다.

균형 잡힌 삶을 위한 시간 관리

"소망을 포기하지 않고 자신을 내려놓는 법을 배워라.
그것만이 해방을 위한 열쇠이다."

| 옛 동양의 지혜 |

삶의 균형이란 그냥 하늘에서 떨어지는 것이 아니다. 스스로 네 가지 삶의 영역, 즉 일(성과), 신체, 사회적 관계, 의미가 똑같이 중요하다는 점을 마음에 간직해야만 한다. 늘 질문을 던지자. "삶에서 무엇이 실제로 중요한가?" 균형 잡힌 행복한 삶의 전제는 결정 능력이다. 매일매일 의식적으로 결정하고 가능한 마음에 닿는 일을 행하는 능력이다. 자신, 의미 있는 사람, 소망 그리고 동경을 위한 시간을 갖자!

시간 주도를 위한 7가지 지혜

1. 꿈과 소망을 명확한 목표로 공식화한 사람은 좀 더 쉽게 이룰 수 있다. 비전을 드러냄은 거대한 추진력이다.
2. 급한 일을 끝낸 사람은 단지 일에 반응한 것이다. 중요한 일을 한 사람은 옳게 행동한 것이다. 자신을 위해 중요한 것을 스스로 결정해야만 한다.
3. 본질에 집중하여 전체 시간을 잘 계획하는 사람은 유연하고 스트레스를 덜 받는다. 질적인 시간 균형은 양적인 것보다 더 중요하다.

4. 규칙적으로 휴식하는 사람은 신체와 영혼, 뇌의 에너지를 다시 회복한다. 이런 무위는 중요 과제로 달력에 써넣어야 한다.
5. 어떤 속도로 목표를 달성할지 스스로 결정한 사람은 보다 빠르고 쉽게 도달할 수 있다. '자기 결단'이 힘과 동기를 부여한다.
6. 내면의 시간 경험에 따라 행동하는 사람은 즐거움과 행복으로 보상받는다. 직관은 가장 좋은 충고자이다.
7. 감사할 줄 알고 순간의 가치를 옳게 평가하는 사람은 살아가는 동안 좋은 기회에 열려 있다. 가장 중요한 시간은 늘 지금이다.

　　짧은 시간 안에 많은 성과를 내기 위해 시간 관리를 도구로 남용하지 마라. 시간 주도를 발전할 기회로 생각하라. 완전하게 균형 잡힌 인격을 위해 힘써 얻은 여유 시간을 이용하라. 직업적 계획은 항상 개인의 관심과 삶의 목표와 조화를 이루어야 한다. 이런 의미에서 나는 실제로 중요한 일에 많은 시간이 할애되길 소망한다.

당신에게 자신만의 시간이 있기를[*]

나는 당신이 많은 천부적 재능을 가지길 바라지 않는다.
대부분의 사람이 가지지 못한 것을 가지길 바란다.
나는 당신이 기쁨을 느끼고 웃을 시간을 가지길 바란다.
시간을 이용한다면 당신은 거기서 무언가를 창조할 수 있다.

나는 당신이 행동하고 생각하기 위한 시간을 가지길 바란다.
나는 당신이 자신뿐만 아니라 타인에게도 베풀기를 바란다.
서두르거나 달리는 시간을 바라는 게 아니라
평화를 느끼는 시간을 바란다.

나는 당신을 재촉하는 시간을 바라지 않는다.
시계를 쳐다보는 대신
경이의 시간과 신뢰의 시간이
당신에게 남아 있기를 바란다.

---

[*] Elli Michler: Ich wünsche dir Zeit. Die schönsten Gedichte von Elli Michler. München: Don Bosco, 2003

나는 당신에게 별을 딸 시간이 있기를 바란다.
그리고 성장할 시간, 즉 성숙할 시간을 바란다.
나는 당신에게 새롭게 희망하고 사랑할 시간이 있기를 바란다.
이런 시간을 미루는 것은 의미가 없다.

나는 당신이 자신을 발견할 시간을 가지길 바란다.
매일 매시간을 행복으로 느낄 수 있는 시간을
자신의 잘못을 용서할 시간을 가지길 바란다.
삶을 위한 시간을 가지길 바란다.

─엘리 미흘러, 《엘리 미흘러의 가장 아름다운 시들》 중에서

에필로그 — 엘리 미흘러의 시와 시간

시를 책에 인용하고 싶다고 엘리 미흘러^{Elli Michler}에게 직접 편지로 부탁했다. 그때 무엇이 그런 시를 쓰게 그녀의 마음을 움직였는지 물었다. 처음 〈당신에게 자신만의 시간이 있기를〉를 읽고 시어들의 단순함과 진실함에 감동했기 때문이다. 그 강렬한 시구는 근원적 힘을 지닌 시간의 가치를 경이롭고 완벽하게 담아냈다.

엘리는 내 질문에 "우리 시대를 에워싸고 있는 냉소와 회의의 한가운데서 불안감과 성급함에 내몰린 사람들에게 서정시의 손길을 내밀고 싶었다. 삶의 문제에 관한 따뜻하고 긍정적인 시각을 통해 내면의 평화를 찾도록 돕고 싶었다"라고 답해 왔다. "글쓰기는 정신적으로 아름다운 일일 뿐 아니라 삶에 의미를 부여하며, 살아가는 데 도움이 된다. 나는 부정적 생각으로 인한 불안을 시로 타파하려 했다. 삶을 긍정하여 성숙한 삶으로 이끌고 신뢰와 용기를 주고 싶었다. 사람들 사이의 좋은 상호 관계를 응원해 왔다. 시간에 관한 내 시는 부족한 시간을 두고 불만을 고조시키는 시가 아니다. 내 시는 우리가 시간을 좀 더 훌륭하게 다룰 수 있다는 점을 상기시키고 그 점을 다시 되돌아보길 권하고 있다."

매력 있는 서정 시인 엘리 미흘러는 고령에도 문학을 향한 열망을 잃지 않았다. 그녀의 시집은 25만 부 이상 팔려 독일에서는 성공한 작가에 속한다. 2010년에는 독일 공헌 훈장을 받았으며, 서정시나 산문을 거의 읽지 않는 이 시대에 그녀의 시는 사후 (1923~2014)에도 영향력을 발휘하고 있다. 엘리 미흘러는 시에서 삶의 중요한 주제들을 다루었다. 특히 1989년에 출간된 시 모음집인 《엘리 미흘러의 가장 아름다운 시들》은 오늘날까지 전 세계의 무수히 많은 독자에게 매력을 발산하고 있는데, 여러분도 꼭 읽어 보길 바란다. 이 시집에 수록된 〈당신에게 자신만의 시간이 있기를〉를 낭독자이자 배우인 발두르 자이페르트Baldur Seifert가 한 라디

오 방송에서 '세기의 시'로서 낭독한 후 전례 없는 반응을 불러오기도 했다.

"나의 시 〈당신에게 자신만의 시간이 있기를〉에 사람들이 보여 준 공명은 시간적 여유 외에 다른 간절한 바람이 없음을 증명한다. 온갖 일정과 성급함, 일상의 스트레스에 내몰린 까닭이다."

"그러므로 로타르 자이베르트의 이 책은 시간 주도와 실효성의 필요한 발걸음을 삶의 실천 양식으로 보여 주고 있어 좀 더 여유 있는 시간에 대한 소망의 실현에 기여한다"라고 엘리 미흘러는 말해 주었다.

모두들 바쁘시지요? 매일매일 해야 할 일이 왜 그리도 많은지 모르겠습니다. 사실 특별히 새로운 일이 연달아 생기는 것도 아니지요. 어제와 크게 다를 것이 없는 오늘입니다. 그런데 어제건 오늘이건 잠깐의 여유 시간을 내는 일이 어찌나 어려운지요.

매우 바쁩니다. 시간은 항상 모자랍니다. 하지만 불평 같은 것을 할 여유는 없습니다. 뒤처지지 않으려면 무언가 해야 합니다. 공부를 하든 일을 하든 남들 놀 때 조금 더 해야만 앞서갈 수 있습니다. 아무것도 하지 않으면 불안해집니다. 졸린 눈을 비비며 일하는 척이라도 해야 할 것 같습니다.

노력하다 보면 성과가 따릅니다. 그 성과란 바라는 대학에 진학하거나 직장에서 승진하는 것일 수도 있습니다. 언젠가는 내 집을 마련할 수도 있을 테고 통장 잔고도 좀 더 넉넉해질 겁니다. 간혹 경쟁에서 밀려나고 뒤처진 누군가의 얘기도 들리지만, 이 치열한 경쟁 사회에서 모두가 승자일 수는 없는 일입니다. 도리어 내가 패배자가 되지 않았다는 사실이 약간의 위안을 줄지도 모릅니다. 아직은 괜찮아 보입니다.

그런데 정말 이대로 괜찮은 걸까요?

너무 열심히 사는 탓인지 매일같이 피곤합니다. 좀처럼 개운한 기분이 들지 않습니다. 문득 매일의 일상을 돌이켜 살펴보니 숨이 차고 갑갑해집니다. 나사로 단단히 고정된 듯한 일상에 바짝 조여진 채 달리고 있으니 당연한 일입니다. 주위를 둘러보니 남들도 마찬가지입니다. 저마다 열심히 달리고 있지만 꽉 짜인 틀에 갇힌 채입니다. 모두 허덕이고 있습니다.

지금처럼 달리다 보면 언젠가는 좀 더 괜찮은 삶, 더 행복한 삶에 도달할 수 있는 걸까요? 이대로 계속 가도 괜찮은 걸까요?

이 책의 저자는 괜찮지 않다고 답합니다. 무조건 달리기만 해서는 행복해질 수 없다는 것이지요. 로타르 자이베르트는《더 단순하게 살아라》,《독일 사람들의 시간관리법》과 같은 몇 권의 저서를 통해 국내에도 알려진 시간 관리 및 인생 관리 분야의 전문가입니다. 그가 보기에 우리 현대인들은 불안정하고 복잡하기 짝이 없는 오늘의 사회에서 "햄스터처럼 매일 쳇바퀴 돌리면서" 살아가고 있습니다. 왜 돌아야 하는지, 계속 이렇게 돌아야 하는지 알고자 하지 않으면서 말이지요.

우리 모두 좀 더 나은, 괜찮은 삶을 영위하고 싶습니다. 달리 말하면, 지금보다 좀 더 행복해지기를 원하는 것이지요. 그런데 우리

대다수는 사회가 요구하는 속도에 맞추어 움직여야 하며 타인의 요구를 충족시키기 위해 일해야 합니다. 자신이 통제할 수 없는 속도로 자신과 무관해 보이는 요구에 맞추어 활동하는 것이 일상입니다.

계속 이렇게만 해서는 행복과 만날 수 없다고 이 책의 저자는 말합니다. 그리고 행복을 찾아내어 손에 넣는 데 필요한 몇 가지 방법을 추천합니다. 일의 속도를 늦추고 주도적으로 시간을 관리하자고 합니다. 시간의 노예가 되지 말자는 것이지요. 어떤 일이든 빨리하려 들지 말라고 합니다. 한 번에 여러 일을 동시에 하는 것도요. 빨리빨리는 중요하지 않습니다. 차분히 일하면서 자신의 시간을 관리하고 삶의 주도권을 잡아야 합니다. 삶의 목표와 비전을 정하고 일상을 정돈하며 일상에서 즐거움을 찾아야 합니다.

슬로비스라는 단어를 들어 보셨나요? 느리지만 일을 더 잘하는 사람들을 가리키는 단어입니다. 이들은 빠름을 성공의 유일한 척도로 여기지 않습니다. 느리게 가지만 생산적이고 창조적인 방법을 모색하며 성과를 얻어 내는 사람들입니다. 남들을 의식할 필요도 없고 남들과 자신을 비교할 필요도 없습니다. 너무 한가한 소리를 하는 걸까요? 그럴지도 모르지만 실제로 이런 방식으로 일하고 살아가면서 삶의 보람을 찾아내는 사람들이 있나 봅니다.

행복을 우연히 손에 넣을 수 있다고 믿지는 않으시겠지요? 우리 모두 행복해지기 위해 노력해야 합니다. 행복은 누구에게나 열려 있지만 운으로 얻을 수 있는 것은 아닙니다. 자기 자신을 위해 노력하여 스스로 행복을 발견해야 합니다.

로타르 자이베르트는 우리에게 슬로비스가 되라고 권합니다. 슬로비스의 방식으로 자신의 삶을 관리하고 자신의 행복을 찾아보라는 것입니다. 살아가면서 너무 많은 역할을 맡아야 할 이유도, 너무 많은 것을 가지려 할 이유도 없습니다. 스스로 인생의 조타수가 되어 자신의 항로를 개척하고 항해하는 것이 중요합니다.

자기 삶의 주인이 되어 자신의 행복을 찾으라는 얘기는 사실 새로운 얘기는 아니지요. 우리 모두 그렇게 되기를 직관적으로 원하고 있기 때문입니다. 다만 의지가 있더라도 길을 모르고 있을 수 있습니다. 어디로 어떻게 발걸음을 내디뎌야 할지 모르겠다면 이 책의 저자가 제안하는 길을 따라가 보시지요. 이 책은 슬로비스가 되어 행복을 찾아가는 길을 안내하는 인생 가이드북입니다. 여기서 제안한 대로 나아가다 보면 행복으로 향하는 길을 걷고 있는 자신을 발견하게 될지도 모릅니다. 현실의 우중충한 회색이 어느 순간 밝은 색조를 머금기 시작할지도 모릅니다. 저도 한번 그렇게 해볼 생각입니다. 조금 더 많은 행복을 담은 미래를 기대하면서 말이지요.

나종석